PLUS DE DISETTE

DU PAIN EN TOUT TEMPS

MÉMOIRES ADRESSÉS

A L'INDUSTRIEL FRANÇAIS

EN RÉPONSE A LA

QUESTION MISE AU CONCOURS PAR CE JOURNAL :

« Existe-t-il une substance ou denrée qui, seule ou mélangée à une certaine
» quantité de froment, fournirait à l'alimentation du pain aussi salubre
» et aussi nourrissant que nos céréales ordinaires ?
» Si elle existe, quels seraient les moyens d'en introduire ou d'en vul-
» gariser la culture en France ? »

ANALYSÉS ET PUBLIÉS

Par A. PEZZANI,

*Avocat à la la Cour impériale de Lyon, lauréat de l'Institut,
membre de la Société littéraire et de la Société d'éducation, correspondant
de plusieurs Académies et Sociétés savantes,
rédacteur en chef du journal.*

LYON

BUREAUX DU JOURNAL L'INDUSTRIEL FRANÇAIS,
RUE DE MARSEILLE, 3.

1862

PLUS DE DISETTE

DU PAIN EN TOUT TEMPS

LYON. — IMPRIMERIE DE B. BOURSY, RUE MERCIÈRE, 92.

PLUS DE DISETTE
DU PAIN EN TOUT TEMPS

MÉMOIRES ADRESSÉS
A L'INDUSTRIEL FRANÇAIS

EN RÉPONSE A LA
QUESTION MISE AU CONCOURS PAR CE JOURNAL :

« Existe-t-il une substance ou denrée qui, seule ou mélangée à une certaine
» quantité de froment, fournirait à l'alimentation du pain aussi salubre
» et aussi nourrissant que nos céréales ordinaires ?
» Si elle existe, qu'els seraient les moyens d'en introduire ou d'en vul-
» gariser la culture en France ? »

ANALYSÉS ET PUBLIÉS

Par A. PEZZANI,

*Avocat à la la Cour impériale de Lyon, lauréat de l'Institut,
membre de la Société littéraire et de la Société d'éducation, correspondant
de plusieurs Académies et Sociétés savantes,
rédacteur en chef du journal.*

LYON
BUREAUX DU JOURNAL L'INDUSTRIEL FRANÇAIS.
RUE DE MARSEILLE, 3.

1862

INTRODUCTION

Notre journal avait mis au concours la question importante et capitale pour l'alimentation publique, de rechercher quelles seraient les substances qui pourraient servir de succédanés ou d'adjuvants au blé, en cas de déficit de cette précieuse céréale, et pour rendre impossibles à jamais les disettes et les famines.

Voici comment le journal rend compte des mémoires qu'il a reçus :

« Plus de disette! du pain en tout temps.

» Tel était le but de l'administration en ouvrant le concours actuel, dont le terme était fixé au 1er avril. Notre attente a été surpassée. Nous avons reçu vingt-un mémoires, dont plusieurs ont un grand mérite et répondent surtout à la pensée moralisatrice et d'intérêt général qui nous avait inspirés. Nous avons des mémoires composés par des docteurs en médecine, par des pharmaciens, par des agriculteurs; et même par des ministres de la religion, qui ont compris parfaitement, en nous apportant leurs lumières et en descendant jusqu'à des questions en apparence bien humbles, qu'ils accomplissaient une œuvre sainte et bénie de Dieu.

» Nous n'avons pas de termes suffisants pour exprimer notre reconnaissance de ce que nous avons été si bien compris et entendus. Maintenant il n'y a plus de disette à craindre. Le pain, cet aliment substantiel et le premier de tous, ne manquera plus, puisqu'une foule de succédanés au blé sont indiqués et non pas à la légère, mais par des expériences positives auxquels se sont livrés plusieurs de nos concurrents.

» Merci, merci à tous, même à ceux qui n'ont apporté dans ce mémorable concours que leurs bonnes intentions!

» Les mémoires seront examinés avec une

grande attention, et toutes les idées bonnes et utiles qui en surgiront recevront une grande publicité. Car il ne s'agit pas ici d'un problème intéressant une seule classe de la société, il s'agit de la question suprême pour tous sans exception, de la question du pain en tout temps ; il s'agit, en un mot, de rendre impossibles les disettes et les famines.

» Nous avons soulevé cette solennelle discussion, et nous en sommes bien récompensés par un résultat hors ligne et vraiment inattendu. Les prix seront proclamés ultérieurement, après un examen digne de l'importance du problème proposé et des mémoires qui ont répondu à notre appel. »

RAPPORT DU CONCOURS.

Si féconde que soit notre terre de France, dit un auteur moderne, M. Déhérain, les conditions climatériques n'y sont pas toujours cependant favorables à la culture des céréales : des pluies inopportunes, des sécheresses prolongées, détruisent parfois les récoltes. La disette entraîne toujours des souffrances à sa suite ; mais, si grandes qu'elles soient encore aujourd'hui elles n'ont rien de comparable aux famines épouvantables qui désolèrent autrefois notre pays.

Aux époques des guerres de religion, sous Henri III, le prix moyen de l'hectolitre de froment monta jusqu'à 61 fr. 25 c. ; en 1591, sous Henri IV, il atteignit 52 fr. 83 c. ; quelques années plus tard, cette mesure était encore à 42 fr. Pendant le règne de Louis XIV, les prix varièrent de 8 fr. 82 c. en 1688 jusqu'à 43 fr. 05 c. et 44 fr. 05 c. en 1694 et en 1709.

Pendant ces années de cherté extrême, pendant les hivers notamment, les populations mouraient littéralement de faim ; elles abandonnaient les campagnes pour venir tristement mendier dans les villes, jusqu'à la porte du château de Versailles, où le grand roi se nourrissait de pain bis. Les administrateurs perdaient la tête, ne sachant que faire de ces multitudes affamées. On se souvient de ce mot navrant et terrible : « Retournez dans vos villages, braves gens ; ici je ne puis vous nourrir, là-bas l'herbe commence à pousser. »

Pendant la triste année 1812, le froment valait 36 fr.

Grâce aux perfectionnements inimaginables des voies de communication, grâce aux sages et prudentes mesures qui ont fait tomber successivement les barrières qui isolaient les différentes provinces de France et qui séparaient récemment encore notre pays du reste du globe, le retour de ces douloureuses calamités n'est plus possible; nous ne mourrons plus de faim. Cela est constant, car il est sans exemple que la disette sévisse dans toutes les contrées du monde à la fois. Obéissant à l'intérêt, les pays favorisés enverront toujours, à charge de revanche, leur excédant de produits aux régions où la récolte manquera et sera insuffisante.

S'il est indubitable que l'alimentation de l'Empire français, sillonné de chemins de fer, de routes et de canaux, est assuré, il n'est pas moins vrai que les documents statistiques publiés par nos gouvernements depuis une quarantaine d'années démontrent que la France à elle seule ne produit pas assez de céréales pour se nourrir, et qu'elle est fréquemment obligée de demander à l'étranger de quoi parfaire le déficit.

C'est donc une pensée salutaire et heureuse qu'a eue l'administration de *l'Industriel Français* d'appeler l'attention et de fonder des prix sur la question suivante, que je remets sous vos yeux dès le début :

« Existe-t-il une substance ou denrée qui, seule ou mélangée à une certaine quantité de froment, fournirait à l'ali-

» mentation un pain aussi salubre et aussi nourrissant que
» nos céréales ordinaires ?

   » Si elle existe, quels seraient les moyens d'en introduire
» et d'en vulgariser la culture en France ? »

En effet, si le concours aboutissait, nous trouverions dans les mémoires l'indication d'une foule de succédanés du blé qui rendrait désormais impossibles les famines et les disettes, attendu les caprices de l'agriculture et des climats qui ne portent ordinairement que sur quelques produits et respectent les autres.

Il faut le dire et le constater tout d'abord. La presse n'a pas rempli ses devoirs bien complétement. Quoi ! nous proposons la question la plus importante à la société, celle de son alimentation, ne fallait-il pas annoncer à tous le concours proposé, faire résonner autour du problème vital par excellence les mille trompettes de la renommée, appeler ainsi à la solution désirée et attendue le plus grand nombre de concurrents ? Nous avons le regret de le dire, excepté deux ou trois journaux qui ont reproduit notre programme, tous les autres se sont tus ; nous avons donc été réduits à peu près à notre publicité.

Eh bien ! ce qui peut vous donner une juste idée de l'influence de notre journal et de son extraordinaire diffusion, c'est que *vingt-un* mémoires ont répondu à notre appel, abordant tous avec de très-bonnes intentions, quoique avec un résultat divers, la question soumise à l'examen solennel des concurrents. *Vingt-un* mémoires venus de toutes les classes et de tous les pays. Nous n'ajouterons rien à ce chiffre éloquent, qui fait honneur à la fois et à vous qui avez choisi ce capital sujet, et à ceux qui se sont si bien associés à vos pensées.

Parmi ces mémoires, beaucoup ne répondent pas suffisamment à notre programme ; mais il y a, même dans les inférieurs, des notions et des renseignements utiles. C'est ainsi que le mémoire n° 5 contient des indications fort sages *sur l'altération et la falsification des blés ;* le mémoire n° 7, l'exposé fort bien fait du *système de panification économique de M. Mége-Mouriés ;* le mémoire n° 10, une lettre précieuse *sur l'emploi du riz dans le pain ;* le n° 12, une circulaire importante *sur le procédé de panification du sieur Gallois ;* les n°ˢ 20 et 21, des observations très-judicieuses sur la manière d'obtenir *un pain de bonne qualité.* Mais ces mémoires, quoique louables par l'intention de leurs auteurs, ne traitent pas le problème proposé *de trouver au blé des succédanés,* tellement qu'une disette devînt à peu près impossible. Nous n'avons donc dû nous attacher qu'à quatre mémoires tous plus ou moins remarquables qui approfondissent la question avec une lumineuse sagacité, c'est-à-dire aux mémoires n° 1, n° 2, n° 17, n° 19. C'est d'eux que nous allons maintenant vous entretenir.

Le mémoire n° 1 débute en disant qu'il y a plusieurs substances qui sont les succédanés du blé et qui, mélangées avec lui, peuvent produire du pain très-nourrissant et très-salubre. Il en cite effectivement un grand nombre et fait dès l'abord cette observation fort judicieuse « qu'en cas de » disette de blé chacun doit faire usage de sub- » stances propres à la panification, qui croissent » dans son pays, de préférence à celles qu'il » faudrait aller chercher ailleurs; » il donne ensuite des conseils très-bons sur le levage des farines autres que nos céréales, farines de fèves, de pois, de châtaignes, de pommes de terre, etc., etc. ; puis, dans la suite de ce travail conscien- cieux se trouvent une multitude de recettes pour fabriquer du pain avec des substances variées.

Ce mémoire très-utile a pour auteur M. GAU- DIN, curé de Froges, près de Grenoble, et si cet honorable prêtre n'avait pas déjà pour lui le témoignage de sa conscience, nous lui dirions qu'il a fait une œuvre méritoire et sainte, en pre- nant part à ce concours. Nous aurons tout à l'heure à vous proposer de tenir ce mémoire en grande estime et à lui décerner une récompense malgré des lacunes et son peu de développement.

Le mémoire n° 17 répond à toutes les parties du programme et il le fait d'une manière si décisive et si magistrale qu'il doit être rangé dans les premiers rangs des travaux si remarquables de ce concours. Il porte pour épigraphe : *Multa paucis.* Il est divisé en trois parties; la première est consacrée aux plantes dont la fécule sert à faire du pain dans les pays étrangers, la deuxième à des études pratiques sur diverses plantes (en particulier le sorgho sucré), leur plantation, les soins de culture, de réduction en farines, de panification, avec un récit de l'accueil fait aux pains fabriqués avec ces substances. C'est la partie sans contredit la plus précieuse et la plus développée de ce travail. Enfin, une troisième partie traite *in extenso* la question indiquée par vous, des moyens d'introduire ou de vulgariser en France la culture des plantes pouvant remplacer le blé dans la panification, ce dont n'avait point parlé le précédent.

L'auteur de ce mémoire, si digne de votre attention sous tous les rapports, est un des lauréats de notre dernier concours, le docteur SICARD, de Marseille.

Le mémoire n° 2 est un non moins remarquable ouvrage, dont le plan de composition et le style sont excellents. Il ne déparerait pas les plus éminents concours des plus nobles académies. Après avoir débuté par faire ressortir l'immense utilité du sujet proposé, il s'exprime ainsi en résumant son introduction: « La recherche d'une » substance alimentaire susceptible de rendre à » l'alimentation publique les mêmes services que » nos céréales ordinaires, est de la plus capitale » importance; ne s'agit-il pas de multiplier les mo- » yens d'existence de la nation, de prévenir les » disettes dont les cruelles conséquences sont » aussi désolantes au point de vue moral qu'au » point de vue matériel. » Il démontre par des faits, que les farines de seigle, d'orge, d'avoine, de sarrazin, de riz, de châtaigne, de fève de marais, unies au blé dans des proportions diverses, com- posent toutes un pain qui, ou n'est pas nourris- sant, ou est trop lourd à la digestion, ou ne se lève pas bien.

« On est encore à la recherche, dit-il, d'une » substance qui, au double point de vue de la sa- » lubrité et du pouvoir nutritif, soit susceptible de » remplacer le froment ou de lui être mélangée. » Il croit que cette substance est le *maïs;* il expli- que très-clairement pourquoi jusqu'à présent le maïs n'a pas joui de cette réputation; il fait con-

naître les obstacles qui s'opposaient à sa réduction en farine panifiable, et il décrit ensuite admirablement la préparation que M. Betz-Penot fait
subir au maïs, ainsi que les recherches de M. Jacquelain sur cette plante précieuse.

Toute cette partie de son travail est un modèle
d'exposition et de clarté. Il cite le résultat de ses
propres expériences à ce sujet. « Notre pain de
» blé-maïs, dit-il, a été unanimement trouvé sain ;
» il trempe bien, est savoureux dans le café au
» lait, le chocolat, le bouillon. Nous sommes donc
» bien loin de ce pain de maïs, fait avec la gaude
» (farine ordinaire de maïs), compact, huileux,
» malpropre, lourd, indigeste, craquant sous la
» dent, se mettant en grumeaux ou en bouillie,
» dès qu'on le plonge dans un liquide chaud. »
Il calcule ensuite le prix de revient et démontre,
par des chiffres, que l'on peut réaliser ainsi une
économie assez grande ; il répond aux objections
tirées du manque de gluten dans la farine de maïs.
« Si le maïs, conclut-il, ne renferme que peu de
» gluten, il contient de 1,50 à 2 0/0 de matières
» azotées qui lui assurent un degré suffisant de
» nutritivité. »

Il donne diverses formules employées par les
Américains pour utiliser la farine de maïs concurremment avec le froment. Ces formules sont fort

intéressantes et peu connues, et il n'y a pas que les Américains qu'on puisse citer dans l'emploi du maïs, il y a plusieurs pâtissiers de la capitale qui se servent de la farine préparée dans l'usine de M. Betz-Penot, pour faire des gâteaux à thé ou à dessert, extrêmement légers et appétissants. » J'en possède, dit l'auteur, depuis plus d'un an, » qui se conservent parfaitement et n'ont rien » perdu de leur bon goût. »

Puis il passe à l'exposé du procédé de fabrication du pain de maïs de M. Gaspard Kettel, de Wurtzbourg, et il résume ainsi cette savante partie de son mémoire : « Employés seuls ou mélan- » gés à une certaine quantité de froment, les di- » vers éléments du maïs sont très-susceptibles » de fournir à l'alimentation de l'homme une » denrée aussi salubre et aussi nutritive que nos » céréales et légumineux ordinaires. »

Dans une dernière partie, — car tous les points sont discutés dans ce lucide et élégant mémoire, — l'auteur examine les moyens d'introduire ou de vulgariser la culture de ce végétal dans notre pays, et là encore il élucide la question par des développements précieux.

Je dois présenter une observation capitale; dans un travail qui sera bientôt publié dans l'*Industriel Français*, j'attribue avec Balardini, avec

Clozel, avec Littré, l'origine de la *pellagre* à un empoisonnement lent par le maïs, attaqué par un parasite nommé *verdet*. Eh bien! avec la méthode de M. Betz-Penot, si éloquemment défendue dans l'écrit que nous venons d'analyser, rien de pareil n'est à craindre; les préparations que subit le maïs d'après les nouveaux procédés le débarrassent entièrement de tous les éléments toxiques du champignon délétère.

L'auteur du mémoire n° 2 est M. E. L. BERTHERAND, docteur en médecine, secrétaire perpétuel de la Société d'agriculture et de sciences de Poligny (Jura), ainsi que le constate l'ouverture du billet cacheté.

Il ne nous reste plus à vous parler que d'un seul mémoire, le n° 19, qui fournit aussi au concours de précieuses lumières.

Après une introduction dans laquelle le savant auteur du mémoire n° 19 proclame l'importance singulière de la question proposée et revendique un titre dont il est à bon droit glorieux, celui de *vulgarisateur et d'apôtre de la science utile et pratique, d'agent voyer de la route qui mène au bien et à la vérité*, il écrit un chapitre 1ᵉʳ intitulé: *Le premier Boulanger du monde*. C'est une légende mi-arabe, mi-espagnole, ayant trait à l'usage du Lesheam, c'est-à-dire de la racine de *Bryonia dioica*, selon quelques botanistes. Le chapitre 2 expose les conditions d'une bonne panification, et des qualités azotées des substances propres à cet effet. Le chapitre 3 parle des substances employées dans l'usage ordinaire, concurremment avec le blé, et l'auteur, après avoir parcouru diverses fécules, propose, d'après sa propre expérimentation, le *pied de veau* ou *pain de serpent* comme réunissant les exigences voulues à la fois d'une suffisante nutritivité et d'une bonne salubrité. Dans son chapitre 4, il trace l'histoire naturelle du *pied de veau ;* dans le chapitre 5, il traite de sa culture, et enfin dans les chapitres 6 et 7, de la structure et de l'analyse de ce végétal, ainsi que de l'extraction de sa fécule. Enfin, dans le chapitre dernier, le 8ᵐᵉ, il fait connaître le procédé opératoire pour fabriquer le pain avec la farine du *pied de veau*, en l'associant à une matière animale renfermant de l'azote.

L'auteur de ce mémoire est M. Jules Léon, pharmacien de 1ʳᵉ classe à Bordeaux, et premier lauréat du concours ouvert l'an passé par *l'Industriel Français*, concernant la fabrication du sucre facile et à bon marché. Il a demandé lui-même à être mis cette année hors de concours, étant un de nos collaborateurs assidus.

Vous voyez, Messieurs, que d'immenses ré-

sultats découlent de notre concours et de votre
généreuse initiative qu'on ne saurait trop admirer,
car si l'honneur revient pour une grande part aux
concurrents distingués qui nous ont apporté le produit de leurs lumières et de leur expérience, si
une ère nouvelle s'ouvre désormais à la panification économique et assurée, notre pays, qui n'est
pas ingrat et qui sait rendre à ses bienfaiteurs la
justice et la gloire qui leur sont dues, associera
dans sa reconnaissance les noms des administrateurs de *l'Industriel Français* avec ceux des lauréats proclamés aujourd'hui. Car, s'ils ont fait,
vous, Messieurs, vous avez proposé; s'ils ont répondu à votre appel et ont si bien réalisé vos pensées et vos aspirations, c'est que cet appel, ces
pensées, ces aspirations avaient eu lieu, et l'initiative de ces pacifiques et sublimes luttes vient
de vous et vous doit être rapportée tout entière.
Je dis hardiment et je constate ceci : la Société
de *l'Industriel Français* a proposé un sujet de
concours qui l'emporte incontestablement sur
tous les sujets de toutes les académies et réunions
savantes. Je défie qu'on puisse me démentir et
que tous n'avouent pas la supériorité du *problème
posé*, au point de vue matériel et par contre au
point de vue moral et spirituel.

Vous êtes animés, je le sais, d'une ardent

charité pour vos frères ; vous obéissez uniquement à l'intérêt humanitaire, sans souci des récompenses humaines dont vous seriez dignes cependant, et sans préoccupation des soins matériels. Eh bien ! je vous adjure ici de me comprendre et de vous élever à la hauteur de la belle mission moralisatrice que poursuit notre journal. Devant des travaux pareils, répondant si bien à l'importance capitale de la question, vous ne devez pas hésiter. Vous n'avez qu'un 1er prix et un 2me prix à décerner, doublons-les. La brochure qui résumera ce concours si fructueux et si utile sera d'une certaine étendue peut-être (et je puis le dire sûrement), l'impression nécessitera de dispendieuses avances, ah! n'hésitons pas, il faut l'entreprendre. Notre tâche, en instituant ces mémorables prix, ne serait qu'à moitié remplie si nous n'allions pas jusqu'au bout, si nous ne faisions pas une édition populaire qui conserve, perpétue et vulgarise les lumières qui nous ont été apportées par des hommes compétents et de bonne volonté, par tous nos lauréats à qui j'adresse les remerciments les plus sincères, et qui doivent comprendre les chaudes étreintes de mon cœur. Oui, doublons les prix, et imprimons ; Dieu nous aidera.

En conséquence, je viens vous proposer :

De donner deux médailles d'or (1er prix) de

120 fr. chacune, d'abord au mémoire n° 2, dont l'auteur est M. BERTHERAND; ensuite au mémoire n° 17, dont l'auteur est M. SICARD ; une médaille d'argent de 25 fr. (2ᵐᵉ prix) à M. GAUDIN, auteur du mémoire n° 1 ; à M. JULES LÉON, une médaille d'argent commémorative de son œuvre excellente, avec ces mots : *Mis hors de concours sur sa demande.* Puis, comme l'importance du concours et son intérêt général réclament impérieusement la publicité des travaux qui en sont le produit, je conclus à ce que vous décidiez l'impression d'une brochure ayant pour titre : PLUS DE DISETTE, DU PAIN EN TOUT TEMPS, *résultat du concours ouvert par* l'Industriel Français *sur les succédanés ou les adjuvants du blé.* Cette brochure reproduira soit par extraits, soit *in extenso*, les mémoires remarquables de nos lauréats, et quoi qu'il puisse advenir, nous aurons bien mérité de l'humanité.

Une mention honorable est décernée à M. Mouroux (Adrien), sous-directeur des mines de Meurchin (Pas-de-Calais), pour son mémoire intitulé : *Augmentation du rendement des farines de 10 %, par le développement du gluten.*

Les conclusions de ce rapport ont été adoptées à l'unanimité.

Voici comment cette Brochure sera divisée:

Mémoire n° 2, de M. BERTHERAND, 1ᵉʳ *Prix;*
Mémoire n° 17, de M. SICARD, 2ᵐᵉ 1ᵉʳ *Prix;*
Mémoire n° 1, de M. GAUDIN, 2ᵐᵉ *Prix;*

Puis, le mémoire hors ligne, mis hors de concours sur la demande de l'auteur, inscrit sous le n° 19 (extraits étendus), par M. Jules LÉON;

Le travail qui a mérité la mention honorable, et enfin l'analyse ou l'extrait des documents intéressants renfermés dans les mémoires non couronnés.

De telle façon que les lecteurs de cette brochure auront dans leur complet les résultats de ce mémorable concours.

A. PEZZANI.

RÉPONSES

À LA

QUESTION MISE AU CONCOURS

PAR L'ADMINISTRATION

du Journal l'Industriel Français :

« Existe-t-il une substance ou denrée qui, seule ou mélan-
» gée à une certaine quantité de froment, fournirait à l'ali-
» mentation un pain aussi salubre et aussi nourrissant que
» nos céréales ordinaires ?

» Si elle existe, quels seraient les moyens d'en introduire
» ou d'en vulgariser la culture en France ? »

MÉMOIRE N° 2.

Premier Prix.

Les statistiques annuelles prouvent qu'il y a en France un déficit permanent dans la production du froment. Le blé qui y couvre *six* millions d'hectares, y produit plus de 70 millions d'hectolitres d'une valeur moyenne de 1,400 millions de francs.

Or, la consommation nationale de cette céréale est de plus de soixante millions d'hectolitres; et si on ajoute à ce chiffre les douze millions d'hectolitres nécessaires à l'ensemencement, il est facile de voir, d'après tous ces chiffres *arrondis*, que notre déficit *moyen* atteint annuellement près de deux millions d'hectolitres.

Il n'est pas ici question de la quantité des blés exportés; elle s'élève à peine en moyenne à 100 mille hectolitres par an, et peut être, par conséquent, complétement négligée devant les chiffres bien autrement importants de la production et de la consommation dans l'empire.

D'autre part, les statistiques générales démontrent qu'il n'y a, sur trois récoltes, qu'une seule récolte suffisante. Et si les progrès de l'agriculture lui ont permis d'extraire aujourd'hui du même sol, un cinquième de plus en froment qu'il y a un siècle, il est juste de reconnaître que la surface des terres mises en culture de blé se trouve actuellement plus grande d'un cinquième également depuis la même époque.

Ainsi donc la recherche d'une substance alimentaire susceptible de rendre à l'alimentation publique les mêmes services que nos céréales ordinaires, est de la plus capitale importance. Ne s'agit-il pas de multiplier les moyens d'existence de la nation, de prévenir les disettes dont les cruelles conséquences sont aussi désolantes au point de vue moral qu'au point de vue matériel?

Le pain, base générale de l'alimentation de tous les peuples, de tous les âges, de toutes les constitutions, de toutes les conditions sociales, est le nom et la forme la plus ordinaire des préparations de la farine de céréales.

Ces végétaux ont fourni tour à tour leur élément farineux à la panification, soit comme matière unique, soit seulement comme une des parties de l'aliment ; mais l'expérience les a également tour à tour dépossédés du privilége de devenir des succédanés avantageux du froment.

En effet, l'addition à la farine de blé :

D'un huitième de farine de *seigle*, donne un pain mat, gras, se conservant bien, mais mal supporté par beaucoup d'estomacs, trop rafraîchissant pour quelques constitutions, pouvant d'ailleurs, ainsi que le fait a eu lieu, déterminer de graves accidents par la présence de l'ergot de seig'e, malencontreusement pulvérisé avec le grain ;

D'un tiers de farine *d'orge*, fournit un pain gris-rougeâtre, assez bon, épais, massif, gluant, grossier, mais lourd à la digestion et se desséchant vite ;

D'un tiers d'*avoine*, fait un pain noirâtre, lourd, amer, mal lié, difficile à bien digérer : c'est cependant le pain du Nord, de l'Angleterre et de l'Ecosse ;

D'un (?)... de *sarrasin*, compose, dans la Basse-Normandie, dans la Haute-Bretagne, un pain indigeste, mal levé, noir, lourd, etc.;

De moitié de *riz*, fatigue les voies digestives, donne

un pain nourrissant, dit-on, mais faiblement levé.

A peine faut-il faire mention d'autres essais tentés dans le même but, avec divers végétaux ; ainsi :

La *châtaigne*, si riche en fécule, qu'elle nourrit exclusivement le Limousin, le Périgord, la Corse, n'a donné qu'un pain lourd et difficile à lever;

La *fève de marais*, combinée avec le blé, a produit un pain, donnant des aigreurs, des éructations et fatiguant l'intestin ;

La *pomme de terre*, mêlée à une suffisante quantité de blé compose un pain compact, assez nutritif, mais d'un goût douceâtre, que beaucoup de personnes ne supportent pas; d'ailleurs, s'il faut en juger d'après ce que présentent dans nos contrées les personnes qui mangent habituellement de ce pain, il a l'inconvénient de déterminer fréquemment des indigestions et des *eaux brûlantes*.

Ainsi donc, malgré l'emploi populaire de quelques-uns de ces mélanges dans certaines régions de la France, on est encore à la recherche d'une substance, qui, au double point de vue de la salubrité et du pouvoir nutritif, soit susceptible de remplacer le froment ou de lui être mélangée.

Cette denrée, si nous en croyons quelques données déjà publiées et nos propres expériences, serait la FARINE DE MAÏS, préparée par un procédé particulier.

Parlons donc tout d'abord de la panifiabilité de cette farine ; viendront ensuite quelques mots sur les moyens de vulgariser la culture du maïs dans notre pays.

En 1855, M. Jacquelin démontra que le grain de maïs avait la constitution physique suivante :

1° Tout à l'extérieur, une pellicule transparente, enveloppant le grain et formée de cellulose;

2° Au-dessous d'elle, une zône épaisse, irrégulière, orangée, jaune ou blonde, mi-transparente, cornée, faisant les deux tiers, en poids, de tout le grain ;

3° Au centre, un amas de substance brillante, blanche, adhérente avec la couche interne de la matière précédente par une teinte de jaune pâle arrivant au blanc mat ;

4° Dans les grains très-anciens, une ou plusieurs excavations ;

5° Assez près de la pointe du grain et incliné de dedans en dehors, le corps embryonnaire toujours séparé de la fécule, mais entouré d'une masse grasse, assez tenace et opaque ;

6° A la pointe même du grain, l'embryon reposant par sa radicule sur une cavité revêtue à l'extérieur d'un tissu vasculaire, spongieux, un peu coloré, et à l'intérieur enduite d'une matière noire, résinoïde.

M. Betz-Pénot, qui avait provoqué cet examen de laboratoire, rechercha la composition chimique du maïs, et vit que, d'après M. Payen, elle était pour 100 parties, de :

Amidon 67,55
Matières azotées. 12,50
Dextrine et substances congénères.   4,00
Matières grasses.   8,80
Cellulose ou tissu végétal   5,90
Matières minérales   1,25
                                    ─────────
                     TOTAL. 100,00

Or, le blé ne contenant, d'après l'analyse chimique, que 1,87 0/0 de matières grasses, il était très-probable que la grande quantité de ce même élément que renfermait le maïs (8,80) occasionnait la difficulté que l'on éprouvait à en panifier la farine.

La physique et la chimie ne venaient du reste que confirmer les recherches patientes que M. Betz-Pénot avait faites depuis longtemps, et qui l'avaient conduit à disposer ses meules de telle façon que le grain de maïs fût divisé en ses parties élémentaires (tégument, embryon, tissu vasculaire, matière résinoïde et farines qu'il subdivise en semoules et farines de divers numéros). En même temps, cet ingénieux cultivateur avait modifié le mode préparatoire suivi d'habitude avant la mouture du maïs.

Il pensa que le séchage du grain au four pour éviter l'empâtement des meules et pour détruire l'amertume du cotylédon, était précisément le meilleur moyen de propager l'huile âcre de ce cotylédon dans toute la masse farineuse du maïs, d'altérer par une haute température la partie cristalline du grain, et que c'était à cette vicieuse pratique qu'il fallait attribuer, d'une part le goût huileux et désagréable généralement reproché à cette farine, et de l'autre l'impossibilité pour la farine de *boire* la quantité d'eau nécessaire à la panification et à la cuisson.

Il observa ensuite que la mouture simultanée de tous les éléments du maïs ne pouvait donner qu'un mélange de cotylédon, de pellicule noire, de son, de farine, c'est-à-dire une farine malpropre et chargée d'éléments indigestes.

Voici le nouveau système de mouture que M. Betz-Pénot a inventé pour parer à tous ces inconvénients :

Le maïs, préalablement mis dans l'eau pendant trois à quatre heures, puis exposé une demi-heure sur des claies pour bien égoutter, est mondé, décortiqué et concassé entre des petites meules en pierres de la Ferté, moyennement éveillées, sans rayons, mais rhabillées par de simples tailles dirigées du centre à la circonférence.

Il en résulte que : 1° le cotylédon, foyer de l'huile grasse et amère, est dégagé avec son enveloppe ;

2° Toutes les issues sont mises à part ;

3° Les semoules et farines sont simultanément produites d'un autre côté.

Un blutoir rotatif est annexé ; le cylindre supérieur a été formé de quatre lés de gaz en soie, n°s 120, 110, 100 et 80, qui séparent des finesses différentes de farine. Les issues tombent de ce cylindre dans un cylindre inférieur, composé de quatre lés de gaze également

en soie, nᵒˢ 60, 40, 30 et 22, et suivis d'un lé de toile
de laiton nᵒ 10 , qui laisse passer la plus grosse semoule.

Les semoules nᵒˢ 22, 30 et 40 remontent le tambour
du blutoir et passent par les lés suivants.

Des sacs mécaniques à ventilateurs, et dont les toiles
métalliques sont des nᵒˢ 4, 2 1/2 et 2 pour les grosses
semoules, des nᵒˢ 5 et 3 pour les semoules moyennes,
et enfin des nᵒˢ 30 et 25 pour les semoules fines, servent à l'épuration de ces semoules.

Ainsi , le blutoir sépare les semoules de diverses
grosseurs, la farine, les germes et leur pellicule noirâtre, enfin le son ; une seconde mouture de ces produits donne des semoules plus fines, et une troisième
opération des farines exemptes de son, de germe et de
pellicule.

Au résumé, — car il ne saurait être inutile d'in-
sister sur la simplicité et la supériorité de ce système,
— d'une part la submersion , puis l'égouttement du
grain remplacent le séchage au four, et évitent l'empâtement des meules, ainsi que l'altération du grain
par l'ancien procédé de dessication.

D'autre part, la disposition particulière des meules
divise le grain en quatre principaux éléments, pellicule, cotylédon, matières résinoïdes, tissus vascu-
laires, et fournit une farine plus propre, plus alimentaire ; puis le blutoir fait le reste.

Qu'obtient M. Betz-Pénot par ce procédé ?

Pour 100 kil. de grains :

83^k,03 de boulange pour la panification et l'alimentation humaine.

15^k,32 d'issues pour le bétail et la volaille.

Total. 98^k,35

C'est-à-dire qu'il obtient près de 16 p. 0/0, farines et semoules, en plus que par le procédé de Parmentier.

Maintenant, voici en comptes ronds le détail du rendement :

Les 83 kil. de boulange comprenant en moyenne :

Farines . . . . 45 kil.
Gruaux et semoules réduits en farines. 38

Les 15 kil. d'issues :

Issues grasses 3
Pellicules et sons. 12

Total : 98 kil.

M. Jacquelain examinant dix de ces produits au point de vue chimique, a démontré :

1° Qu'en moyenne ils contiennent :

Eau 15,36
Matière grasse 3,63
Azote 1,50
Oxygène, hydrogène, carbone des autres principes
   organiques immédiats 78,07

Total : 98,56

2° Qu'ils présentent assez d'analogie dans leur composition pour les faire accepter comme substances alimentaires d'un excellent choix dans la consommation générale ;

3° Que la proportion de matières grasses est assez variée pour satisfaire aux exigences et aux facultés digestives des divers consommateurs ;

4° Que par suite de l'absence des parties embryonnaires et résineuses, soit dans les semoules, soit dans les farines, ces produits ne sont pas exposés à rancir comme les farines de maïs ordinaires du commerce.

M. Betz a répété son procédé devant une commission de la Société d'encouragement : 45 minutes ont suffi pour moudre trois hectolitres de maïs, au moyen d'une paire de meules de 5 pieds de diamètre, mues par une force de 4 chevaux. On obtint en même temps les semoules et les farines. Pour n'avoir que la farine isolément, 15 minutes de plus seraient nécessaires.

Il résulte de la manutention dont le procédé particulier vient d'être décrit, que M. Betz-Pénot est parvenu à ôter à la farine de mais cet excès de matière grasse dont le goût amer déterminait une constriction désagréable à la gorge, et dont l'action physiologique a été reconnue si préjudiciable à la santé, que les auteurs sont unanimes pour lui attribuer plusieurs affections endémiques, telles que la pellagre et la dyssenterie, dans le sud-ouest de la France notamment.

Cette diminution des parties grasses dans la farine de M. Betz-Pénot lui assure, du reste, une grande durée de conservation, alors que les farines ordinaires de maïs rancissent avec une extrême facilité. Je conserve depuis plus d'un an des produits de maïs de la mouture de M. Betz-Pénot ; et bien que placés dans d'assez mauvaises conditions, ils n'ont encore manifesté aucune atteinte d'intégrité, ni rien perdu de leur odeur et de leur bonne saveur.

Il faut ajouter que pour assurer la durée de cette conservation parfaite, M. Betz-Pénot a bien soin de dessécher les produits à une température convenable, avant de les ensacher.

Restent à examiner les conditions de panification et le prix de revient de cette farine de maïs.

Nous ne relaterons pas les divers essais faits avec succès en France et notamment en Belgique, pour obtenir du pain de bonne qualité avec la farine de maïs de M. Betz-Pénot. Quels que soient notre respect et notre confiance à l'égard des hommes honorables qui ont fait, à ce sujet, connaître le résultat de leurs expérimentations, on comprendra que nous préférions ici parler de ce qui s'est passé sous nos yeux.

1re EXPÉRIENCE. — 23 mars 1861.

250 grammes de pâte de pain de froment,
250   —   de farine fine de maïs de M. Betz-Pénot,
250   —   de farine ronde de maïs du même fournisseur.
____
750 gr.

Ont donné un pain dont le rendement était de 1,070 grammes.

2me EXPÉRIENCE. — *27 mars* 1861.

250 grammes de pâte de pain de froment,
250   —   de farine fine de maïs de M. Betz-Pénot.
____
500 gr.

Ont donné un pain dont le rendement a été de 900 grammes.

3me EXPÉRIENCE. — 1er *avril* 1861.

500 grammes de pâte de pain de froment,
500   —   de farine ronde de maïs de M. Betz-Pénot,
____
1,000 gr.

Ont donné un pain dont le rendement a été de 1,430 grammes.

4me EXPÉRIENCE. — 6 *mai* 1861.

500 grammes de pâte de pain de froment,
500   —   de farine fine de M. Betz-Pénot,
500   —   de farine ronde du même fournisseur.
____
1,500 gr.

Ont donné un pain dont le rendement a été de 1,960 grammes.

Dans chacun de ces essais, le résultat a toujours été trouvé satisfaisant : le pain était beau, bien levé, bien poreux, d'un excellent goût, d'une croûte dorée et délicieuse. Quelques personnes qui, comme moi, en ont mangé plusieurs jours, l'ont qualifié *d'une digestion facile, agréable à manger.*

On remarquera d'abord, dans les expérimentations

récédentes, le chiffre élevé du rendement : c'est que a farine du maïs obtenue par **M. Betz-Pénot**, c'est-à-dire débarrassée des issues et de plus de la moitié des matières grasses, absorbe beaucoup plus d'eau. Cent kilog. de cette farine prennent jusqu'à 16 kilog. d'eau, ce qui donne un rendement supérieur de 6 0/0 à celui du froment. C'est ainsi que dans les expériences aites à la boulangerie St Jean de Bruxelles, 83 kilog. 334 milligr. de cette farine avaient également donné 121 kil. 500 milligr. de pain, soit un rendement de 146 0/0.

Malgré, ou peut-être à cause de cette absorption plus grande d'eau, notre pain de *blé-maïs* a été unanimement trouvé sain, pour tout dire. Il trempe bien, est savoureux dans le café au lait, le chocolat, e bouillon. Nous sommes donc loin de ce pain de maïs fait avec la *gaude* (farine ordinaire de maïs), ompact, huileux, malpropre, lourd, indigeste, craquant sous la dent, se mettant en grumeaux ou en ouillie dès qu'on le plonge dans un liquide chaud.

La fabrication du pain avec totalité ou partie de farine de maïs (procédé Betz-Pénot) ne diffère en rien des procédés habituels à la boulangerie.

Cependant la sœur de **M. Betz-Pénot** fait de la manière suivante un excellent pain de ménage pour la campagne : après avoir mélangé dans le pétrin 2/3 ou 1/2 de farine de maïs avec 1/3 ou 1/2 de farine de seigle, méteil ou froment, elle ajoute pour 80 kilog., 1 kil. 500 de levain conservé, sans addition de farine de maïs autant que possible. Avec de l'eau de 28 à 30°, elle pétrit d'abord la moitié de la farine en levain, en ayant soin que la pâte ne refroidisse pas et qu'elle lève bien. 6 à 8 heures après, elle pétrit le reste de la farine avec de l'eau toujours au même degré. Le pain doit conserver une chaleur tempérée, et elle ne le met au four que quand il est parfaitement levé : il reste en cuisson le même temps qu'un pain de seigle, de méteil ou de froment, suivant sa composition.

En laissant tout d'abord tremper dans l'eau la farine ronde de maïs pendant 8 à 10 heures avant de faire la pâte, on aurait un pain des plus légers. C'est là une observation dont les boulangers doivent tenir grand compte.

Mais il ne suffit pas que la farine de maïs obtenue par le procédé Betz-Pénot donne des produits panaires d'une supériorité évidente, en beauté, pureté, finesse et perfection irrécusables, il faut surtout tenir compte du prix de revient. Or, à ce point de vue, il est facile de démontrer que l'emploi de cette denrée conduit à une économie qui a bien son importance.

M. Betz-Pénot ayant un brevet d'exploitation pour l'application de son système de mouture, nous sommes obligé, pour le moment, de calculer les prix de revient d'après ceux de son usine même. Or, il évalue à 20 fr. l'hectolitre de maïs rendu chez lui, à 3 fr. les frais de mouture pour le réduire tout en farine. 100 kilogr. de maïs produisent en moyenne 80 kilogr. de farine, et de 83 à 85 kilogr. quand le grain est de très-belle qualité; mais calculons sur 80 kilogr. de rendement.

80 kilogr. nécessitant 23 fr. de dépenses, ramènent le kilogr. à 28 centimes. Mais outre ces 80 kilogr. de farine, la mouture fournit normalement 18 kilogr. de résidus ou issues à 10 centimes le kilogr., soit au total 1 fr. 80 c. à déduire des 23 fr., dépense première de l'achat du maïs et des frais de mouture.

Les 21 fr. 20 c. qui résultent de cette diminution, divisés par 80 (rendement *moyen* des farines), ne donnent plus que 26 centimes pour le prix du kilogr. de farine de maïs, à l'usine de M. Betz-Pénot.

Or, la farine de blé coûte en ce moment 60 centimes le kilogr.; celle de maïs ne revient qu'à 26 centimes, presque à moitié prix. Donc, l'introduction de cette dernière substance dans le pain permettrait de réaliser une économie très-notable. Ainsi, pour un pain de 4 livres, au lieu de 90 c. de farine de froment seule, on n'aurait que :

```
500 gram. froment, soit. . .   30 c. ⎫
                                     ⎬ Total, 56 c.
1,000   —   farine maïs. . . .  26 c. ⎭
```

Soit un bénéfice de 34 centimes.

Ou, au lieu de 90 c. de farine de froment seule, on n'aurait que :

```
750 gram. farine blé, soit. .   45 c. ⎫
                                     ⎬ Total, 64 c.
750   —   farine maïs. . . .    19 c. ⎭
```

Soit un bénéfice de 26 centimes; encore sans tenir compte, dans ces deux cas, du rendement supérieur

que donne la farine de maïs Betz-Pénot, comme nous
l'avons dit plus haut.

Ces évaluations concordent parfaitement, du reste,
avec celles qui ont été produites par d'autres expéri-
mentateurs français et étrangers, et qui pensent que
l'introduction de la farine de maïs Betz-Pénot dans la
panification aurait pour résultat certain de faire ven-
dre la livre de pain de 5 à 7 centimes meilleur marché
que celui de froment pur. — Ne serait-ce donc rien
pour les malheureux, pour les classes ouvrières des
villes et des campagnes?

Et d'ailleurs, de combien ne sera pas abaissé le prix
de revient de la farine de maïs quand le brevet de M.
Betz-Pénot expirant, son invention tombera dans le
domaine de l'industrie publique, et par conséquent
d'une libre concurrence?

Toutefois, une objection ne manquera pas d'être
faite à la salubrité et à la nutritivité du pain de blé
maïs. « Le maïs ne contient pas de gluten, dira-t-on ;
donc il n'est et ne saurait être nourrissant. » Nous ré-
pondrons que c'est une grave erreur de croire que le
pouvoir nutritif d'un aliment soit uniquement proportionné à la quantité de gluten qu'il renferme. D'a-
bord le gluten est une substance composée, dont le
rôle dans la nutritivité des substances n'est pas encore
bien clairement défini. Ensuite, quand on jette un
coup-d'œil sur les quantités de gluten assignées à divers aliments par l'analyse chimique, on est loin de
trouver ces données en concordance avec le résultat

physiologique et *populaire* de l'usage de ces nourritures diverses. Ainsi, les chimistes donnent, environ, de gluten :

Aux légumineux (fèves, pois, haricots), de 24 à 25 0/0
Au froment. . . . .   13,25 »
A l'avoine . . . .   6 »
Au riz.   5 »
A la pomme de terre . . . .   1,60 »

Or, les classes ouvrières qui vivent plus encore de pommes de terre que de pain de froment, répareraient-elles aussi bien la somme de forces qu'exige un rude travail quotidien , si les matières azotées, que cette solanée contient cependant en très-faible quantité (1,60 0/0), étaient réellement une condition absolue d'un grand pouvoir nutritif?

Est-ce que le riz ne nourrit pas mieux que les légumineux cinq fois plus azotés que lui ?

L'habile chimiste, M. Millon, n'a-t-il pas récemment affirmé que certains blés, à l'*état normal*, ne contiennent point ou ne contiennent que très-peu de gluten?

Du reste, si le maïs ne renferme pas de gluten (en est-on bien sûr?), il contient 1,50 0/0 de matières azotées, qui lui assurent un degré de nutritivité égal à celui de la pomme de terre ; et cet aveu de la chimie doit nous suffire.

Le maïs ne fournit pas seulement une farine précieuse pour l'alimentation ; toutes les parties élémentaires que M. Betz-Pénot est ingénieusement arrivé à extraire de son grain, ont chacune sa destination bromatologique. C'est encore là une question fort importante au point de vue qui a inspiré le présent travail.

Ainsi, 1° les semoules prises au lait ou au bouillon sont très-bien supportées par les estomacs les plus susceptibles, malades ou fatigués; elles valent au moins celles de riz qui coûtent 2 à 3 fois plus. J'ai goûté bien souvent, j'ai administré et fait administrer par des confrères, à des convalescents, ces semoules de maïs, soit en potage, soit en crème; les enfants au sein, les malades, les individus atteints de diarrhée atonique, d'affaiblissement des fonctions digestives, s'en sont merveilleusement trouvés.

Les semoules de M. Betz-Pénot sont de deux espèces : la première dite *grasse*, fournie par la partie cornée du grain, s'assaisonne au beurre et au sel, puis délayée dans de l'eau bouillante, elle constitue une soupe excellente et peu dispendieuse. La seconde dite *fine*, extraite du milieu du grain, s'étend très-bien dans le bouillon ou le lait et donne une nourriture légère pour les enfants et les convalescents; les nourrices dont le lait s'appauvrit s'en trouvent merveilleusement bien. J'ai eu occasion de manger du veau nourri avec ces semoules ; ce n'était pas de la chair, mais une succulente gelée de viande tendre et juteuse.

2° Les farines de maïs donnent également des potages extrêmement légers, très-réparateurs, et véritablement économiques pour les familles pauvres et nombreuses.

3º Les pâtes d'Italie, vermicelles, biscuits de mer, conditionnés avec les farines Betz-Pénot, sont d'une bonne qualité et d'une conservation parfaite. M. Mareschal, rue du Cloître-Saint-Méry, 3, à Paris, en fait des vermicelles supérieurs par la légèreté et le bon goût. M. Pelletier, rue Royale-Saint-Honoré, 16, à Paris également, compose avec un tiers de cette farine, des biscuits de mer excellents et de bonne durée.

4º Les débris cornés et farineux, mélangés d'embryons, les issues sèches, composées de téguments seuls, les issues grasses formées de petit son, de matière résinoïde, de tissu vasculaire et de quelques débris farineux et cornés, n'ont pas, que je sache, trouvé encore d'utilisation dans l'alimentation humaine; mais ils sont usités avec le plus grand succès dans l'engraissement des volailles et des animaux.

5º La farine de maïs de notre habile meunier a déjà été expérimentée par les premiers boulangers et pâtissiers de la capitale. M. Vaury, rue Royale-Saint-Honoré, 400, en a obtenu des pains de luxe, dorés, appétissants et qui ne le cèdent en rien aux meilleurs pains de fantaisie. M. Sigaut, rue Quincampoix, 101, toujours à Paris, en fait des gâteaux à thé et à dessert, des petits fours, des pâtisseries sèches, extrêmement légers et fort agréables : j'en possède depuis plus d'un an, qui se conservent parfaitement et n'ont rien perdu de leur bon goût.

6º Nul doute que dans les opérations culinaires,

par exemple pour lier les sauces, dans la confection des pâtés, des gâteaux et grosses pièces de pâtisserie, la farine de maïs Betz-Pénot ne puisse faire une concurrence sérieuse aux farines ordinaires.

Les Américains nous ont, depuis longtemps, donné l'exemple de l'emploi du maïs dans l'alimentation publique. Voici, d'après l'*Economie rurale* de Turin quelques-unes de leur formules :

1° A l'état vert, le maïs sert à faire une soupe qui se vend dans les rues en Amérique. Quand le grain est arrivé au point où commence à se développer le suc doux et laiteux qui lui est propre, on fait bouillir dans l'eau les épis entiers avec l'assaisonnement ordinaire de beurre et de sel.

2° *Samp*. C'est un mets que l'on prépare en faisant cuire avec du lait, du beurre et du sucre, des grains de maïs réduits en bouillie après qu'ils ont été détrempés et épluchés.

3° *Homminy*. On fait bouillir dans l'eau, pendant quelques heures, de la farine de maïs, jusqu'à ce qu'elle se réduise en une bouillie épaisse, que l'on assaisonne au sel et au beurre, ou qu'on mange délayée dans du lait.

4° *Soupe de farine de maïs*. On fait cuire la farine dans du lait, dans du bouillon de viande ou dans l'eau pure. Elle est meilleure si on y ajoute du sucre, du pain ou de la farine de blé et des oignons.

5° *Pain de maïs*. Un fermier américain assure

qu'on préfère ce pain à tout autre, une fois qu'on y est habitué ; aussi l'art des préparations de la farine de maïs, depuis celle du pain commun jusqu'à celle des pâtisseries les plus délicates, a-t-il fait en Amérique des progrès remarquables.

Le pain se fabrique avec ou sans levain.

Le pain sans levain se prépare de deux manières. A une certaine quantité de farine bien passée au tamis, on ajoute deux cuillerées de sirop, deux cuillerées à café de sel, un peu de beurre ou de graisse, et on mêle bien le tout ; puis on verse dessus de l'eau bouillante jusqu'à ce que la pâte soit réduite à une bouillie épaisse, que l'on fait frire à la poële avec un peu de graisse, sur un feu clair. — 2º Autrement, on pétrit un kilogramme de farine de maïs avec du lait, on ajoute trois œufs bien battus, deux hectogrammes de beurre, autant de sirop, avec un peu de sel et une petite cuillerée de carbonate de pòtasse, et on fait également frire à la poële avec un peu de graisse.

Avant d'exposer son procédé de fabrication du pain fermenté, M. Gaspard Kettel (de Wurtzbourg) apprend d'abord qu'il attend, pour moudre son maïs, que le grain soit parfaitement sec, et qu'il fait trois parts de sa farine : la fleur est réservée pour les usages culinaires, la seconde pour le pain, et la plus grossière entre dans la ration des porcs à l'engrais.

Pour préparer le pain, reprend M. Kettel, je prends trois parties de seigle et une de maïs. Le soir je mêle la moitié de la première avec de l'eau chaude et du levain, et je laisse fermenter. Le lendemain matin, c'est-à-dire 5 à 6 heures après, si je reconnais que la pâte est suffisamment levée, je la pétris avec le reste de la farine de seigle jusqu'à ce que j'aie obtenu la ténacité convenable; alors on mêle et on délaye à part la farine de maïs jusqu'à ce qu'elle forme une bouillie. On sale et on ajoute assez de farine de seigle pour en former une pâte de même ténacité que la première. Cela fait, on pétrit ensemble les deux pâtes, de manière à les mêler intimement, pour laisser la fermentation se rétablir de nouveau et arriver à point en 3 ou 4 heures, si la chaleur est modérée. Alors on divise la pâte en pain qu'on abandonne de nouveau à la fermentation dans un lieu suffisamment chaud. Il ne reste plus qu'à procéder à la cuisson, pour laquelle le four doit être plus chaud que pour le pain de seigle, sans quoi il crèverait sans gonfler.

Pour mener à bien cette importante opération, on ferme toutes les issues du four, même le fournil, jusqu'à ce qu'on voie suinter la vapeur qui s'est dégagée à l'intérieur. Alors on ouvre pour lui donner issue; le pain se gonfle sans éclater, il prend une belle forme, et à l'intérieur il a la porosité convenable.

La farine de maïs donne au pain une couleur plus claire et une saveur particulière. Mais il est essentiel de suivre le procédé de point en point, surtout pour ce qui concerne la fermentation et la cuisson, sans quoi la pâte crèverait dans le four et ne donnerait qu'un pain lourd et indigeste.

Telle est la méthode américaine ; elle contient, comme on le voit d'intéressants détails qui nous ont paru ne pas être tout-à-fait inutiles dans le présent mémoire.

Au résumé, employés seuls ou mélangés à une certaine quantité de froment, les divers éléments du maïs sont très-susceptibles de fournir à l'alimentation de l'homme et des animaux une denrée aussi salubre et aussi nutritive que nos céréales et légumineux ordinaires.

Reste à examiner maintenant les moyens d'introduire ou de vulgariser la culture de ce végétal dans notre pays.

La production de cette céréale américaine n'occupe en France que 650 mille hectares. Les 36 départements qui la cultivent n'y fournissent annuellement que 8 millions d'hectolitres, représentant une valeur de 73 millions de francs.

Or, l'ensemencement exige 250 mille hectolitres de grains ; il ne reste donc de disponible pour la consommation que 7,750,000 hectolitres. Presque tout est employé à l'alimentation, puisque l'exportation monte à peine à 720 mille hectolitres.

L'Angleterre et l'Irlande en tirent annuellement d'Amérique une quantité presque égale à celle que la France produit.

Bien qu'originaire d'une contrée chaude, le maïs s'acclimate très-bien dans notre pays. Il exige non pas une température élevée, mais une température constante : c'est ainsi qu'il rapporte 68 pour 1 dans la Vendée et 45 seulement dans les Hautes-Pyrénées.

La qualité des terrains entre également pour une bonne part dans le chiffre du rendement : de bons sols rapportent 60 hectolitres par hectare, des sols médiocres donneront à peine la moitié.

On évalue généralement que cent kilog. de grains équivalent à 200 kilog. de paille, 25 de spaltes et 48 de rafles, et que le rendement du maïs, par sac de 170 livres, est de 153 livres de farine et de 16 livres de son, tandis que le sac de blé de 180 livres est de 150 livres de farine et 34 livres de son.

Dans la Nouvelle-Galles du Sud, les beaux maïs donnent un rendement de 5,500 kilogrammes par hectare et dans les bons terrains.

En présence de tous ces avantages, on ne doit pas s'étonner si le maïs nourrit les Landes, les Pyrénées, une grande partie de la Bourgogne, du Languedoc, de la Provence, du Dauphiné, etc., départements dans lesquels il assure l'alimentation de l'homme (pain, bouillies, polenta, gaude, gâteaux, potage, galettes, etc.), augmente le lait des vaches et la graisse du bétail, de la volaille et surtout du cochon.

Il existe de nombreuses variétés du maïs, très-différentes entre elles sous le rapport du rendement, de la qualité et de la couleur des produits.

Les rouges, violets, bleus, noirs, panachés, sont bien moins estimés que le jaune et le blanc.

Les maïs qui atteignent de grandes dimensions donnent jusqu'à soixante grains dans une seule rangée d'épi, tandis que les nains en offrent à peine la moitié. La variété dite *dent de cheval* nous a fourni l'année dernière de magnifiques tiges de 3 mètres 55 cent., avec de nombreux épis, très-chargés, puisque dix portaient deux kilogr. de grains de toute beauté. Dans le même terrain, une variété naine de Cuba ne nous donnait que 400 grammes pour le même poids d'épis.

L'aspect du grain est peu variable, malgré les différences de volume ; cependant une espèce se nomme maïs *dent de cheval*, et une autre maïs *à bec*, à cause de la forme particulière des grains.

La précocité a plus de valeur au point de vue des dénominations qu'elle attache à certaines variétés, car l'expérience *semble* démontrer que plus le maïs est tardif, plus son rendement devient abondant. Le *quarantain*, improprement appelé ainsi puisqu'il ne mûrit guère qu'au 90me jour, accomplit rapidement sa végétation, n'atteint guère que 55 à 60 centimètres de haut et donne de 2 à 3 kil. de grains par 100 épis. Le maïs d'*été* ou d'*août* monte à 1^m,20 ; ses 100 litres pèsent près de 70 kil. Enfin, le maïs d'*automne* a d'assez forts épis et s'élève presque à 2 mètres. — Cependant les résultats obtenus par M. Betz-Pénot semblent devoir faire préférer le maïs d'août. En effet, les épis récoltés à la fin d'août lui ont donné un poids supérieur de 5 à 6 kil. par hectolitre et demi à celui des épis du maïs récolté en septembre et octobre.

On comprend aisément que ces diverses variétés

soient cultivées de préférence suivant les climats et les sols.

M. Betz-Pénot, qui a fait de nombreuses et intéressantes expériences sur la production des maïs, en a cultivé comparativement sept espèces. Ce sont, en définitive, les deux variétés de *gros jaune* et de *gros blanc* qui lui ont constamment rapporté le plus de feuilles, le plus de grains et le plus de tiges. Il regarde cependant les autres variétés comme pouvant encore procurer un assez bon rendement, même sur des terrains sablonneux et médiocres. C'est dans la petite espèce de maïs qu'il a trouvé les semoules les plus belles, les plus délicates, celles que l'on préfère dans les potages, surtout les potages au gras. Plus cette variété est petite, plus les produits ont un goût fin et conviennent pour la confection des pâtes, vermicelles, et pour l'usage au chocolat : leur couleur est d'un jaune très-foncé. Les gros maïs présentent une farine bien plus abondante, fournissent une pâte bien plus légère, et doivent être réservés pour la panification.

M. Betz-Pénot sème à l'hectare 50 litres de graines à 35 centimètres de distance en tous sens, et on obtient 60 hectolitres pesant 80 kil. et rendant en semoules et farines de 86 à 90 0/0. Son maïs blanc, bien plus élevé que le jaune, atteint jusqu'à 3 mètres.

Le maïs exige pour sa culture, et surtout si l'on a en vue une bonne récolte, beaucoup de soins et beaucoup de *façons*, ce qui permet de l'utiliser avantageusement comme plante sarclée. On nettoie d'abord la

terre avec un extirpateur, puis on donne une forte
fumure, avec un engrais riche en substances alcalines
autant que possible. 100 kil. de paille et de grains
de maïs représentent 333 kil. de bon fumier. On plante
en lignes espacées de 70 centimes, et dans des trous
distants entre eux de 40 centimètres ; mais évidemment ces évaluations *moyennes* doivent différer selon
la hauteur et le rendement de la variété du maïs.
Pendant que le maïs se développe, on procède au bi-
nage et sarclage, surtout dès que la quatrième feuille
paraît : on arrache les tiges trop rapprochées, on com-
ble les vides avec une variété précoce ; à dater de ce
moment, les binages se succèdent de quinze en quinze
jours. L'on butte une fois encore à l'époque de la flo-
raison ; les feuilles inférieures sont enlevées, et dès
que la fécondation est accomplie, on supprime les épis
mâles : ces feuilles et ces épis constituent un excellent
fourrage.

Quelques contrées ont la coutume de semer des
betteraves ou des haricots dans les vides qui séparent
les plants de maïs : c'est une mauvaise pratique qui
épuise prématurément le sol au détriment du développement et des besoins alimentaires du maïs.

Ces quelques lignes consacrées à la culture du maïs
étaient nécessaires pour faire voir que la production
de ce végétal, que nous préconisons comme succédané
bromatologique du froment, n'est ni difficile ni bien
dispendieuse. M. Betz-Pénot compte pour culture,
binages et buttage, 16 fr. par hectare : cette dépens-

est largement couverte par le rapport fourrager des feuilles, qui, arrachées de la tige dès qu'elle a de 50 centimètres à 1 mètre de haut , donnent une excellente nourriture pour le bétail, surtout pour les vaches, dont il augmente, avons-nous dit, la quantité et la qualité du beurre. Une alimentation composée de 2/3 herbes artificielles et 1/3 tiges de maïs vertes ou sèches, divisées avec le coupe-racines, fait produire 1/5 de plus en beurre.

M. Belz-Pénot a cherché , en outre, à tirer parti des diverses portions du plant de maïs. Ainsi :

5 kilogr. de racines incinérées lui ont donné 900 grammes de cendres ;

10 kilogr. de tiges lui en ont donné 600 ;

10   —   de papetous   —   250 ;

10   —   de feuilles de l'épi —   1,010 ;

10   —   de feuilles de la tige —   1,000.

Ce qui permettrait d'utiliser les parties, qu'on ne peut donner aux bestiaux , à l'obtention de sels de potasse et de soude. M. Chevallier a répété ces essais et retiré des cendres de feuilles et tiges 28 % d'alcali et 36 à 38 % des papetous. On sait qu'un hectare fournit 7,609 kilogrammes de tiges sèches munies de feuilles.

Les feuilles de l'épi sont vulgairement employées à faire des paillasses.

Un hectare donne 400 kilogrammes de feuilles bien sèches qui , à 10 c. le kilogr. en moyenne, produisent 40 fr. , à déduire encore des frais de culture.

Le maïs a un grand avantage industriel sur le froment ; c'est que n'ayant point de gluten (du moins jusqu'ici la chimie n'en a pas démontré la présence), il permet l'extraction d'un amidon de toute beauté. M. Mosselman, inspecteur de la boulangerie des hospices, à Bruxelles, l'a constaté avec le plus grand succès.

Terminons, en recommandant d'après M. Betz-Pénot, de ne jamais mélanger les graines de qualité ou de grosseur différentes, si l'on veut avoir de belles qualités de farines pour la panification ou la pâtisserie.

Il faut, au contraire, à son exemple, trier très-soigneusement les grains de même espèce, après chaque récolte.

Un tiers de la variété rouge et deux tiers de maïs jaune lui ont paru constituer les proportions de grains les plus convenables pour avoir la belle couleur *dorée* que quelques consommateurs et boulangers recherchent dans certains produits alimentaires.

Un dernier mot :

En toute chose, l'habitude fait beaucoup et tyrannise assez opiniâtrement l'impartialité de nos appréciations.

Tout le monde sait, par exemple, que notre pain de ville, si blanc, si léger, si riche en farines de premier choix, n'a pas aux yeux et à l'estomac du cultivateur et de l'ouvrier une valeur bien sérieuse, un goût bien savoureux, car il les *soutient* incomparablement moins bien que le pain grossier et souvent mal fermenté auquel leurs sens et leur appareil digestif sont accoutumés.

La réciproque est également vraie pour les citadins qui ne peuvent guère supporter le pain de la campagne.

Cette remarque est à la seule fin de mettre er garde contre leurs premières sensations toutes les personnes qui feront essai d'une forme quelconque d'aliment dans lequel entrera la farine de maïs préparée d'après les procédés Betz-Pénot.

Nous croyons avoir suffisamment démontré dans le présent travail, qu'il existe réellement : « Une » denrée qui seule ou mélangée à une certaine quan- » tité de froment fournirait à l'alimentation un pain » aussi salubre et aussi nourrissant que nos céréales » ordinaires, et avoir indiqué avec assez de détails » les moyens d'en introduire ou d'en vulgariser la » culture en France. »

En outre de notre propre expérience et de nos propres observations, nous aurions encore, pour convaincre que le Maïs est bien cette denrée, les honorables suffrages décernés à M. Betz-Pénot, par la Société d'Encouragement (médaille d'or), au concours agricole d'Orléans (médaille d'or) ; à l'exposition universelle de 1855 (médaille de première classe), et en Belgique, etc.

BERTHERAND, Docteur en Médecine,

A POLIGNY (JURA).

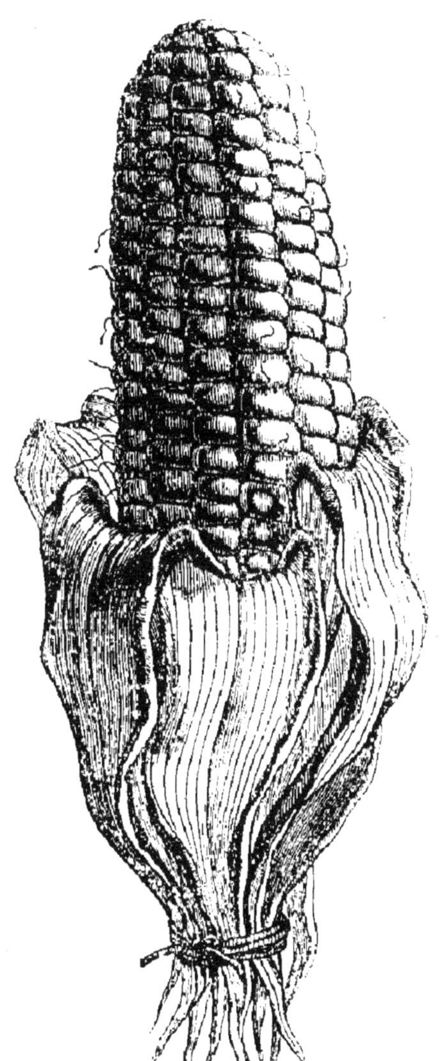

2. — Epi de maïs.

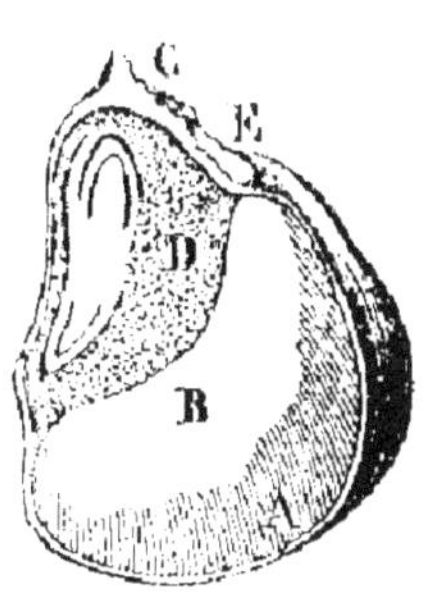

3.
Grain de maïs vu de face.

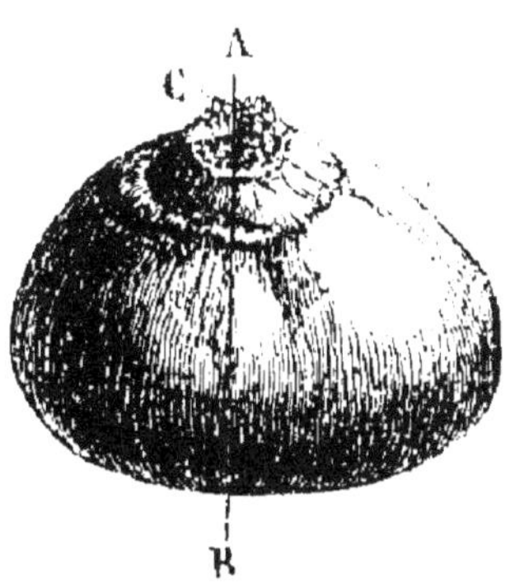

4.
Section perpendiculaire
du grain de maïs.

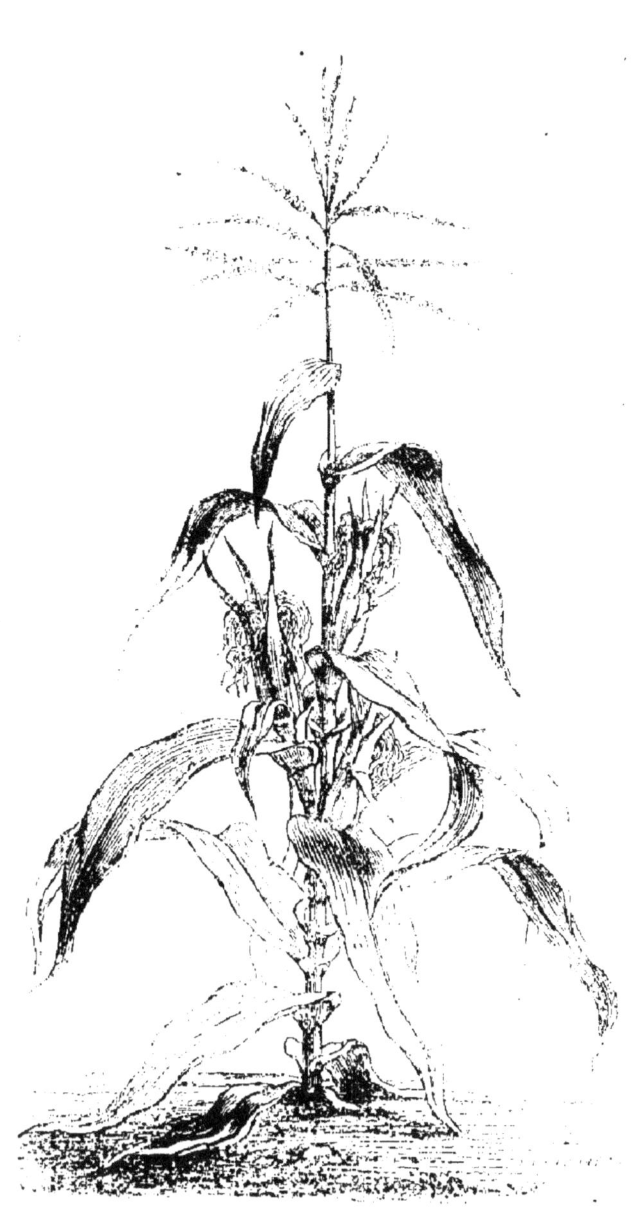

1. — Maïs sorti de terre.

MÉMOIRE N° 17.

Deuxième premier Prix.

> « *Multa paucis.* »
> « Beaucoup de pensées en peu de mots. »

Nous pensons que l'administration du journal L'In-dustriel Français, en mettant au concours la question ci-dessus relatée, désire attirer les études vers les plantes alimentaires qui peuvent remplacer le froment, en se mêlant en certaine proportion avec la farine.

Dans beaucoup de pays étrangers, l'on se sert de pain fait avec la farine ou fécule de diverses plantes; mais il n'en est aucun qui puisse se mettre en concurrence avec le pain fait exclusivement avec la farine du blé; ces farines ou fécules, mêlées dans de certaines proportions à celles du froment, peuvent donner d'excellent pain.

Nous pensons qu'on aurait beaucoup de peine à introduire dans l'alimentation du peuple français un pain qui différât essentiellement du pain de blé : mais nous sommes assuré que, si l'on ajoutait à la mouture du froment une farine ou fécule qui, tout en donnant au pain des qualités nutritives identiques, en abaisserait le prix d'une manière sensible, ce serait rendre un grand service à la classe moyenne ; c'est le but vers lequel doivent se tourner les efforts des hommes d'étude.

Ce travail sera divisé en trois parties :

Dans la première, nous passerons en revue les plantes qui fournissent des fécules ou farines employées dans les pays étrangers, et servant à faire du pain dans ces contrées.

Nous étudierons avec soin, dans la deuxième, une de ces graines alimentaires ; ce que nous en dirons, pourra s'appliquer à plusieurs autres graines de cette famille, que nous avons étudiées pratiquement.

La troisième partie de ce travail sera consacrée à développer notre manière de voir sur les moyens à mettre en pratique, pour introduire ou vulgariser la culture de ces graminées et de toute autre plante utile à l'alimentation, et propager l'usage du pain fait avec ses farines.

CHAPITRE PREMIER.

Esquisse sur quelques-unes des plantes dont les farines ou fécules servent à faire du pain dans les pays étrangers.

> « On réussit toujours quand on ne veut que
> bien faire. (Vérité.) »

Chez les anciens, le pain d'orge était très-estimé, les Romains le faisaient servir à la nourriture des gladiateurs.

Le panis coloré produit une graine qui, réduite en farine, sert à faire le pain, nourriture exclusive de toute la population en Abyssinie.

Parlerons-nous du paturin à feuille de cynosurus, dont la graine est employée comme alimentaire en Egypte? Dirons-nous que les Polonais se servent du paturin flottant? Rappellerons-nous que, dans le Nord, on fait du pain avec la fécule extraite de la racine du sceau de Salomon, et que la fécule obtenue de la racine du Ményanthe ondulé se mêle à la farine dans les mêmes contrées? Dirons-nous, que la macre, ou châtaigne d'eau, fournit une fécule qui sert à faire du pain en Suède?

Dans l'Écosse et la Norwége, l'on emploie la farine des glands de chêne rouge. Le Lapon se sert pour la confection de son pain des stipes du lamyaire palmé, réduits en poudre. Dans la Jamaïque, le zizania aquatique remplace le blé. En Chine, on fait du pain de riz, que l'on cuit à la vapeur du pot en **24** minutes, et qui, grillé ensuite sur le feu, est délicieux, de l'avis des Européens.

Citons en passant, comme plante usitée pour faire du pain, l'avoine bulbeuse, la larme de Job, le chiendent pied de poule, l'élyme des sables, l'orge des murs, dit orge queue de souris, le mil à épis, l'alpiste des canaris, la fécule qu'on obtient de l'asphodèle rameux, des bulbes des orchis mascula et morio, celle qu'on retire des dolocases, des patates de toute espèce, des ignames et des marrons d'Inde.

La farine obtenue des graines de vélumbo, des faines de hêtre, dont on a enlevé l'huile, sont usitées dans plusieurs contrées.

Terminons ce catalogue déjà long, en citant les maïs de toute espèce, les sorghos blancs des Caffres, etc., et les imphys. Nous passons sous silence les graines de la canne à sucre de la Chine, dite sorgho sucré, parce que nous les étudierons dans le chapitre suivant.

CHAPITRE II.

Études pratiques sur diverses plantes dont les farines peuvent entrer dans la confection du pain.

> « Tout progrès est doublement précieux, toute découverte a une double valeur : elle vaut par ce qu'elle nous a donné, elle vaut encore par ce qu'elle nous donnera. (Isidore Geoffroy-Saint-Hillaire.) »

Dans le chapitre précédent, nous avons donné un aperçu des plantes qui peuvent fournir des farines ou fécules servant à l'alimentation de plusieurs peuples, nous devons étudier dans celui-ci une graine spéciale, et les développements que nous donnerons à ce travail pourront s'appliquer à toutes les plantes ci-dessus désignées.

Commençons par poser en principe que le gluten n'est pas une substance indispensable pour l'alimentation ; la fécule unie dans certaines proportions à cette matière organique, nourrit parfaitement. Ce fait est prouvé par l'expérience, puisque la plus grande partie des peuples du globe se nourrissent de la farine ou de la fécule de plantes qui, toutes, sauf de rares exceptions, contiennent une petite proportion de gluten.

Les farines qu'on obtient par la trituration des graines de la canne à sucre de la Chine, et généralement de presque tous les sorghos et les imphys, peuvent parfaitement entrer dans l'alimentation de l'homme ; nous avons étudié pratiquement cette question sous tous ses aspects et nous allons faire notre possible pour donner un aperçu des résultats obtenus.

Toutes graines qu'on destine à l'alimentation doivent se cueillir parfaitement mûres. Il faut ensuite les laisser se dessécher dans leur enveloppe. C'est ainsi que l'on doit procéder pour toutes les graines de graminées. Ces plantes contiennent dans l'intérieur de leur chaume la quantité de sucs nécessaires pour transformer en farine les parties internes de l'épi qui doivent servir à l'alimentation.

La canne à sucre de la Chine, dite sorgho sucré, et toutes les plantes de ce genre, ont un défaut, c'est que leurs épis ne fleurissant pas tous en même temps, se trouvent partagés en trois zônes qui mûrissent à plusieurs jours de distance ; c'est ce qui est cause que, maintes personnes croient cueillir des épis mûrs, tandis qu'ils ne le sont pas, ces cultivateurs étant trompés par les apparences de cette graine, qui prend un coloris plus ou moins violacé selon son point de maturité.

Ainsi que nous venons de le démontrer, il y a trois floraisons dans le même épi ; nécessairement, il résulte de ce seul fait que sa maturité ne peut avoir lieu en même temps. On doit donc attendre la maturation complète de la partie inférieure de l'épi si l'on veut en obtenir un bon produit ; dans le cas contraire on agit comme un fermier qui , croyant obtenir une plus grande quantité de farine, coupe son blé trop vert, et perd ainsi une partie de sa récolte, puisque la substance qui doit fournir la farine se transforme en son.

Nous pensons que nos lecteurs ont très-bien compris ce que nous venons de dire ; ils connaissent le point de maturité de la graine qui nous occupe, maturité qui leur est révélée par la sortie de la graine en dehors de la cupule. Cette partie revêt, dans sa maturité, une couleur jaune indien , tirant plus ou moins sur la rouille ; plus cette couleur est foncée , plus la graine est mûre ; les cupules prennent alors une couleur pourpre noir. Tel est le point où l'on doit couper l'épi avec son fût, qui s'arrête au premier nœud. Une fois coupé, il est indispensable de le laisser ainsi pendant plusieurs semaines avant de le dépiquer, parce que c'est le moment où la farine acquiert toutes ses qualités nutritives.

Ce que nous venons de dire sur la maturation de la graine doit s'appliquer à tous les sorghos, les imphys et autres plantes de ce genre.

Veut-on employer à la panification la graine que nous venons de récolter? il faut , dans ce cas , après le dépiquage, la passer au tarare et repasser ensuite la graine au trieur Pernolet, parce que, malgré toute l'attention du cultivateur, il est impossible que, dans la grande quantité de graines récoltées, il ne s'en trouve pas de moins mûres ; si l'on n'avait pas le soin de les enlever par les moyens que nous venons d'indiquer, la farine qu'on obtiendrait par leur mouture gâterait le pain.

Le cultivateur a récolté sa graine dans de bonnes conditions, il a eu le soin de laisser sécher chaque panicule à l'air avant de les lier en bottes, chose essentielle, car nous connaissons des propriétaires qui ont perdu de très-grandes quantités de ces graines pour n'avoir pas pris ces précautions ; elles avaient contracté une odeur repoussante et un goût insupportable. Ce n'était pas la faute de la plante, mais bien celle du fermier qui n'avait pas eu le soin de prendre des précautions indispensables à la conservation de toute graine alimentaire.

Ce que nous venons de dire pour les graines de la canne à sucre de la Chine, peut s'adapter à toutes les espèces de sorghos, d'imphys et de maïs, et généralement à toute graine devant donner de la farine utile à la panification.

Nous sommes donc bien entendus sur le point essentiel de la maturité des graines, leur vannage, leur bluttage, et nous sommes assurés qu'elles se trouvent dans de bonnes conditions, c'est-à-dire séparées de toute substance étrangère à la confection d'une bonne farine. Faut-il maintenant les décortiquer, c'est-à dire leur enlever la cupule ou les envoyer seulement au moulin ?

La question que nous venons de poser n'est pas aussi oiseuse qu'elle peut le paraître à certains esprits bornés qui jugent des choses à *priori*, sans les avoir étudiées.

Décortiquer une graine, c'est lui enlever toutes les parties étrangères à la semoule; or, ce travail est dispendieux et augmente d'autant le prix de revient de la farine; si donc il n'y a aucun inconvénient à porter directement au moulin la graine récoltée, c'est une grande économie et un avantage d'autant plus favorable aux fermiers que tout moulin peut réduire la graine en farine.

Etudions la farine obtenue dans les deux cas et voyons si nos prévisions se sont réalisées, mais avant de faire ces études, parlons de la mouture et des moyens par lesquels on peut obtenir un bon rendement.

A première vue, rien n'est plus simple que de faire de la farine; en effet, l'on porte la graine au moulin, on l'abandonne au meunier et tout est dit ; puis l'on vient retirer le produit obtenu, rien n'est plus simple dans ce cas ; mais il n'en est pas de même quand il s'agit de graines nouvelles. Celles-ci demandent la plupart du temps des précautions que le meunier n'est pas accoutumé à prendre. Ainsi, pour parler seulement de la graine de la canne à sucre de la Chine, nous dirons que nous l'avons fait moudre dans maintes usines, depuis le moulin à vent primitif jusqu'à ces admirables machines que le génie de l'homme fait mouvoir à la vapeur, et nous pouvons affirmer que, dans tous les cas, la farine a été de bonne qualité lorsque nous avons pu nous-même assister à la mouture.

La graine de la canne à sucre de la Chine est très-dure ; si les meules ne sont pas assez rapprochées, on obtient une grande quantité de semoule ; si elles le sont trop, il est impossible de le moudre c'est donc un travail d'appréciation pour le meunier qui les triture pour la première fois ; mais dès qu'il connaît le point auquel il doit placer la meule, rien n'est plus simple que d'obtenir une farine identique.

Nous devons faire observer que la qualité de la graine influe considérablement sur la mouture, et qu'on doit toujours préférer les graines récoltées dans des endroits qui n'ont pas été trop arrosés à celles qu'on retire des terres noyées.

En 1854, nous avons porté au moulin un hectolitre de graines de la canne à sucre de la Chine, provenant de notre récolte et pesant soixante-cinq kilogrammes ; nous avons obtenu à la mouture :

Gros son.	13 kil.	650 gr.
Petit son	13	150
Fleur de farine et semoule . . .	37	»
Total de rendement . . .	63	800
Perte.	1	200
Total égale à la mise. . .	65 kil.	»

La farine utile avait une couleur violacée donnant un peu sur le rose ; blutée au n° 100, sa couleur est rosée.

Présumant que la graine décortiquée pourrait fournir de la plus belle farine, nous l'avons privée de sa
cupule par divers procédés ; le moulin usité pour la
décortication du riz produit très-bien cet office.

Nous avons obtenu, par hectolitre de graine, 47
kilogrammes de graines décortiquées et 15 kilogrammes du produit de la décortication ; il y a eu sur le
tout une perte de trois kilogrammes.

La graine complétement dépouillée de sa cupule,
a l'aspect d'un blé tirant sur le jaune brun, avec le
hile violacé et quelques taches violacées sur certaines graines, marque positive de leur parfaite maturité. La grosse semoule provenant du triturage est
d'un blanc grisâtre, parsemée de large plaques de
périsperme ; la seconde semoule présente une teinte
plus foncée et une plus forte proportion de périsperme.
la fleur de farine a une teinte violacée.

Le pain fait avec cette farine ne diffère pas sensi-
blement, pour la couleur, de celui que l'on obtient
avec la farine non décortiquée.

Nous avons voulu savoir, si en décortiquant les
graines dépouillées de leur cupule, nous obtiendrions
une farine plus belle et moins colorée, mais notre
attente a été déçue et le pain gris sale que nous avons
fait confectionner avec cette farine, nous engage à
conseiller la trituration de la graine telle qu'on l'obtient après un bon blutage.

En 1858, nous avons fait triturer cent kilogrammes de graines de canne à sucre de la Chine, récoltées

en Algérie, elles pesaient soixant-deux kilogrammes
l'hectolitre.

Nous avons obtenu :

Gros son.	16 kil.
Petit son contenant une grande partie de semoule.	16
Farine	68
TOTAL.	100 kil.

La farine était dure au toucher, d'un blanc jaunâtre
avec une teinte rosée; elle donnait du pain très-gros-
sier. Nous avons pris cent kilogrammes de cette qualité de farine et nous l'avons repassée à nos blutoirs
jusqu'au n° 100. Les résultats ci-dessous indiqués
ont été le résultat de nos études :

Premier blutoir (le plus grossier). .	1 kil.	900 gr.
Deuxième —	3	500
Troisième —	45	700
Quatrième — (n° 100).	48	900
TOTAL.	100 kil.	»

Le produit sortant du premier blutoir est d'une
couleur grisâtre; on observe, dans la masse, des points
violacés et jaunâtres ; on dirait qu'une laine particulière enchevêtre chaque grain de farine. C'est la
preuve que les graines employées n'avaient pas été
vannées et blutées avec soin avant de les envoyer au
moulin.

Sur le deuxième blutoir, la farine est d'un gris
jaunâtre ; elle n'est plus mêlée de poils, mais elle

contient une grande quantité de semoule, des débris de cupules et de périsperme.

Dans le troisième blutoir, la farine est de bonne qualité, quoique inférieure à celle du n° 100 ; sous ce blutoir on trouve une farine fine, douce au toucher et d'une couleur rosée. Les farines du 3e et 4e blutoir, mêlées ensemble, donnent d'excellent pain et produisent par 100 kilogrammes de farine primitive, 94 kilogrammes 600 grammes. La perte n'est que de 5 kilogrammes 400 grammes.

Quelques années après, nous avons fait moudre au moulin dit du Repos, commune de Vitrolles, où il se trouve une usine à vapeur dans laquelle on triture la plus grande partie des blés employés dans le pays, un hectolitre de graines de canne à sucre de la Chine, pesant 58 kilogrammes.

Nous avons obtenu :

Gros son.	10 kil.	6 hectogr.
Deuxième son	13	6
Farine	32	8
TOTAL.	57 kil.	»
PERTE.	1 kil.	»

Les cent kilogrammes de farine identique à celle que nous venons d'obtenir, repassés à nos blutoirs, ont eu pour résultat :

Premier blutoir	8 kil.	900 gr.
Deuxième —	6	500
Troisième —	48	»
Quatrième — (nº 100). .	36	600
Total.	100 kil.	»

La première et la seconde farine mêlées ensemble sont excellentes pour faire du pain, c'est donc 84 kilogrammes pour 100 de farine non blutée, qui peut entrer dans l'alimentation.

La farine de la canne à sucre de la Chine obtenue sur le blutoir qui antécède le nº 100, peut parfaitement entrer dans la confection du pain de bonne qualité. Employée seule, cette farine est difficile à pétrir, on voit qu'il y manque du gluten, ce dont nous nous sommes assuré par l'analyse; mais malgré ce défaut, le pain qu'on en obtient a bon goût, est nourrissant, se conserve longtemps, mais il a une couleur violacée, a de la difficulté pour lever et demande une grande habitude pour le cuire. Il est indispensable de l'enfourner à une température inférieure à celle du pain de froment.

Parties égales de farine de la canne à sucre de la Chine et de froment produisent un mélange qui donne du pain d'excellente qualité, mais d'une couleur rose violacée; il nous a été affirmé par plus de dix mille personnes qui en ont goûté dans les diverses expositions depuis 1854, que ce pain serait accepté par eux malgré sa couleur, à la condition qu'on pût le fournir à cinq centimes au-dessous de la taxe.

Quant au pain qu'on obtient par le mélange de trois quarts de farine de froment et un quart de farine obtenue par la mouture de la graine de la canne à sucre de la Chine, il a été trouvé bon à l'unanimité. Sa couleur est rosée ; des militaires, des marins, des propriétaires, des ouvriers de toute espèce, des étrangers de toute nation en ont goûté ; nous en avons distribué plus de cent kilogrammes et l'on a été unanime dans tous les pays, et à Paris même, pour le trouver acceptable et de bonne qualité. La seule question est d'abaisser le prix de revient de cette denrée au-dessous du pain de froment.

Les pains dans lesquels entre la farine de la canne à sucre de la Chine, se conservent très-longtemps : nous en possédons des échantillons qui ont six années d'existence et qui sont encore mangeables.

Les galettes de mer confectionnées avec un quart de farine de canne à sucre de la Chine et trois quarts de froment, sont excellentes et d'une conservation indéfinie.

Prenons donc courage ; étudions avec soin cette grande question et nous aurons rendu à la France un plus grand service que Parmentier ; car si la pomme de terre est d'une très-grande utilité pour l'alimentation, elle est sujette à des maladies qui la rendent impropre à sa conservation. Il n'en sera pas de même des graines de la canne à sucre de la Chine, des sorghos, des imphys et de toutes autres graines alimentaires qui se conserveront toujours bien quand on aura le soin de les récolter dans de bonnes conditions.

Le jour où le peuple français comprendra l'utilité du pain que nous indiquons, et nous sommes assuré que ce jour n'est pas éloigné, nous aurons mis en pratique les paroles que l'Empereur Napoléon III prononçait à Marseille dans une occasion solennelle : « La France désire développer en paix, dans la pléni- » tude de son indépendance, les ressources immenses « que le ciel lui a données. Travaillons donc de toutes » nos forces à développer les ressources de notre pays. » Les travaux de la paix ont à mes yeux des cou- » ronnes aussi belles que des lauriers. »

CHAPITRE III.

Quels seraient les moyens d'introduire ou de vulgariser en France la culture des plantes pouvant remplacer le blé dans la panification ?

> « Ne nous laissons pas attiédir ou décourager
> par ces dénigrements, ces oppositions,
> ces semblants d'incrédulité qui s'attaquent
> trop souvent aux meilleures choses, au
> progrès le plus réel et le plus utile.
> (MILLET.) »

Dans la grande quantité de plantes que nous avons citées, et qui toutes peuvent servir à la panification pour venir en aide à la consommation du blé, plusieurs sont déjà acclimatées sur le sol de notre belle France.

La macre ou châtaigne d'eau peut se cultiver dans tous les bassins ou cours d'eau de l'empire, mais c'est surtout dans le midi que l'on peut obtenir les plantes suivantes.

Les panis colorés, le riz, la larme de Job, le mil à épis, l'alpiste des canaris, les colocases, les patates de toute espèce, les ignames, le vélumbo, les maïs de toute sorte, les sorghos blancs des Caffres, et de toute autre qualité, les imphys et la canne à sucre de la Chine. Toutes ces diverses plantes, importées des pays chauds, réussissent parfaitement en Algérie et dans le midi de la France ; nous les possédons dans nos terres ; que faut-il donc pour en propager la culture ?

Deux choses indispensables, la bonne qualité de la semence et un grand débouché des produits récoltés. il est sous entendu que ces derniers sont de bonne qualité.

Toute graine transportée de son pays natal dans une autre contrée, demande les plus grandes précautions pour empêcher sa dégénérescence. Ne voit-on pas tous les jours des plantes qui, dans les premières années de leur introduction, ont donné d'excellents produits, revenir à un type sauvage bien éloigné des premiers rendements ? C'est ce qui arrive aujourd'hui pour la canne à sucre de la Chine.

Nous recevons tous les jours des lettres de personnes qui se plaignent de ce que leurs graines produisent des plantes non sucrées et dont la farine devient de moins en moins alimentaire, est-ce la faute de la plante elle-même qui a dégénéré par l'effet du sol et de la température de nos climats, ou en trouve t-on la cause dans le peu de soin que l'on a mis à cultiver les portes-graines ? Ne sait-on pas que, comme le dit fort bien John Lindley, dans sa *Théorie de l'Horticulture :* « Si une plante manifeste quelque tendance » à varier de sa condition originaire, c'est surtout » pour revenir à son type sauvage ? » N'oublions pas, comme le disait avec juste raison M. Salze, directeur du jardin botanique de Marseille, en parlant des animaux et des végétaux importés en Europe, que ces richesses, déjà acquises sont seulement acclimatées chez nous, mais 'qu'elles ne sont pas naturalisées, que nous les avons comme en dépôt, leur conservation , leur multiplication , leur amélioration, dépendent de la plus active vigilance, des soins les plus éclairés, les plus assidus, qu'il ne faut pas perdre de vue que nous devons tout aux efforts réunis de l'agriculture, des sciences, de l'industrie, du travail le plus opiniâtre, et qu'il ne faut pas oublier qu'un seul moment de repos nous ramènerait vers des siècles de misère. »

Qu'on étudie donc avec le plus grand soin les causes de dégénérescence des plantes nouvellement acclimatées. En voulez-vous un exemple ? Voyez la canne à sucre de la Chine, comparez les graines primitivement admises dans le commerce de la graineterie, alors qu'elles étaient d'un prix très-élevé ! reportez-vous par la pensée aux types que nous avons toujours présentés dans les concours régionaux, mettez-les en parallèle avec ces graines dégénérées qu'on rencontre aujourd'hui, et dites-nous si nous n'avons pas le droit de proclamer hautement que la dégénérescence de cette plante est due non à la plante elle-même, mais aux conditions dans lesquelles on l'a cultivée !

En ne choisissant pas les graines de première qualité, à cause de leur cherté, en jetant dans le sol des semences avortées ou provenant de tiges trop arrosées ; en les mettant en contact avec des plantes de la même famille, qui, quelquefois, les influencent par leur fécondation, ou détériore les types à tel point qu'ils ne sont plus reconnaissables.

Ce que nous venons d'écrire s'est passé sous nos yeux, nous avons donc le droit de le proclamer tout haut, d'autant plus qu'on nous rendra cette justice : que depuis 1858, nous avons prévu ce qui arrive aujourd'hui.

En parlant comme nous venons de le faire de la canne à sucre de la Chine, nous faisons l'histoire de toutes les qualité de sorgho, d'imphy et d'un grand nombre de plantes énumérées au commencement de ce chapitre.

Nous croyons avoir prouvé que la qualité de la semence influe considérablement sur la culture, et que c'est dans ces seules conditions qu'on pourra vulgariser les plantes utiles pour la panification.

Dans le principe on aura beaucoup de peine pour

inculquer nos préceptes dans la tête de nos cultivateurs, mais quand ils verront, comme nous le disions
dans un temps, quand ils verront, dis-je, que leurs
graines sont délaissées parce qu'elles sont de mauvaise
qualité, ils prendront plus de soin de leur culture,
ils étudieront les fumiers qui sont indispensables à
chaque plante, et bientôt l'essor sera donné. Ajoutez
à ces considérations, qu'ils obtiendront des prix rému-
nérateurs de leur peine, puisque les plantes pourront
encore être utiles à d'autres usages.

Nous pensons que, dès aujourd'hui, l'on pourrait
faire un choix parmi les graines que l'on récolte, et
établir dans de grands centres de population, tels que
Paris, Marseille, Lyon, des boulangeries modèles, où
la main d'œuvre serait réduite à sa plus simple expres-
sion, en employant les pétrins mécaniques et les fours
Rolland ; la farine de choix dont on se servirait serait
extraite du blé de Mariannopoli et des Touelles de
Provence qu'on mêlerait avec un tiers ou un quart
des farines ci-dessus énoncées, et nous sommes assurés que malgré le haut prix de ces graines, on par-
viendrait à produire du pain de bonne qualité à cinq
centimes au-dessous de la taxe.

L'établissement que nous proposons de fonder devrait recevoir les encouragements de l'Etat, parce
que, comme le disait fort bien le Corps Législatif dans
son adresse à l'Empereur, en 1861 : « La prospérité des
» populations agricoles est le vœu le plus intelli-
» gent des populations industrielles. »

Faudrait-il une grande dépense de la part de l'E-
tat pour propager l'usage du pain que nous préconisons? nous ne le pensons pas. Le Gouvernement
devrait faire en grand ce qu'un simple particulier
a fait en petit. Distribuer gratuitement d'assez grandes quantités de pain, pour qu'il n'y ait pas en
France une ferme ou un village dans lequel on
n'ait pas entendu parler des pains en mélange.

Nous nous rappelerons toujours avec bonheur, les
concours régionaux, le concours national de Paris
et l'affluence des cultivateurs et des ouvriers se pres-
sant autour de nous, pour réclamer comme une fa-
veur de pouvoir emporter dans leurs familles ou au
fond de leur village, un échantillon de nos pains,
nous connaissons des localités ou une tranche de pain
que nous avions donnée à un vieillard presque cente-
naire a été partagée publiquement en fragments im-
perceptibles pour contenter tous ceux qui voulaient
en goûter; jeunes et vieux, désiraient leur part de ce
nouvel aliment et tous sans exception demandaient à
pouvoir s'approvisionner de cette nourriture à un
prix inférieur à celui du pain de blé.

Disons en terminant, avec Etienne-Geoffroy Saint-
Hilaire : « C'est le sentiment du dévouement qui m'a
toujours soutenu dans mes entreprises. Les recherches les plus pénibles, le danger de m'y livrer,
les avertissements de mes amis pour m'y soustraire,
rien ne m'a arrêté; que je puisse croire avoir en
effet préparé la voie à la moindre utilité ne dût-

elle donner de fruit que dans un avenir lointain, c'est assez pour ma satisfaction, je ne vois que cette fin, je m'y dévoue tout entier... *utilitati.*

SICARD, Docteur-Médecin,

A MARSEILLE.

MÉMOIRE Nº 1.

Deuxième Prix.

QUESTION.

« Existe-t-il une substance ou denrée qui, seule ou mélan-
» gée à une certaine quantité de froment, fournirait à l'ali-
» mentation un pain aussi salubre et aussi nourrissant que
» nos céréales ordinaires ? »

Je réponds qu'il y en a plusieurs,

Il y a des substances ou denrées propres à faire du pain, qui ne sont pas bien agréables au goût ; par exemple, le pois, la fève, la rave, le radis, le navet, sont un peu forts ; le maïs, la pomme de terre, la topinambour, l'igname, la courge, sont un peu fades. En mêlant ces substances ou denrées avec d'autres, telles que le riz, le froment, le seigle, la châtaigne, la poire, la pomme, la petite-rave, etc. on obtiendra de faire un pain , non-seulement économique, mais aussi bon, aussi nourrissant, aussi salubre, aussi rafraîchissant que celui de nos céréales ordinaires.

Il y a des substances ou denrées communes à certains pays, comme il y en a qui sont communes à tous les pays ; car, en cas de disette de blé, chacun doit faire usage des substances propres à la panification, qui croissent dans son pays, de préférence à celles qu'il faudrait aller chercher ailleurs, qui quelquefois seraient moindres, ou s'altéreraient en route, et coûteraient beaucoup plus cher, surtout à cause du transport.

Les substances ou denrées communes à tous les pays sont : la fève, le pois, la pomme de terre, l'orge, l'avoine, la betterave, la rave, le navet, etc ; celles qui sont communes aux pays froids sont : la pomme de terre, le pois, la fève, l'orge, l'avoine, la vesce, la rave, etc. ; il y en a aussi qui sont communes aux pays tempérés, ce sont : le froment, le seigle, l'orge, la pomme de terre, la pomme d'arbre, la poire, la betterave, le blé noir, etc. ; enfin, il y en a qui sont communes aux pays chauds, telles que le riz, le maïs, l'igname, la pomme de terre, la courge, etc.

Si l'on veut avoir un pain bon, nourrissant, salubre, en se servant de substances ou denrées étrangères à nos céréales, il faut avoir soin d'en séparer bien le son, d'en bien laisser lever la pâte, et, s'il y a un mélange à faire, d'en observer exactement les proportions ; car ce n'est qu'en accomplissant bien tout ce qui est prescrit à cet égard qu'on obtiendra un heureux résultat.

La farine des substances ou denrées étrangères à nos céréales, propres à faire du pain, seule ou mélangée, demande ordinairement plus de temps à lever que celles de nos céréales. La farine de riz, dit-on, ne lève pas ; par conséquent, il est inutile de la mélanger avec aucune autre farine pour en faire du pain cuit au four ; j'en ai fait l'épreuve et j'ai appris, en effet, que la farine de riz, lorsqu'elle est seule, ne lève pas ; mais si elle est mélangée par égale quantité avec celle de froment, de fève ou de pois, elle lève très-bien, et donne un pain bien gonflé et d'une très-belle couleur.

Le pain de farine de froment a toujours été considéré, sans contredit, comme la première qualité ; cependant, si on mélange avec une certaine quantité de farine de froment, dont on aura bien séparé le son, une petite quantité de farine de fèves, dont on aura également bien séparé le son, on obtiendra un pain supérieur à celui qui ne serait que de pure farine de froment ; pourquoi ? parce que la farine de fèves n'a pas seulement la propriété de donner une belle couleur au pain, mais surtout celle de le faire bien lever et gonfler.

La farine de pois ne fait pas tout-à-fait aussi bien lever les farines ou les substances avec lesquelles elle est mélangée, mais elle leur donne encore une plus belle couleur que celle de fèves, c'est-à-dire la couleur de la brioche. Cette propriété de la farine de fèves de faire lever les autres farines ou substances avec lesquelles elle est mélangée, est si importante et si précieuse, qu'un pain qui n'est pas levé est un pain qui n'est pas bon, qui est pesant à l'estomac, indigeste et sans apparence.

La farine de pois a aussi une propriété bien importante, puisqu'elle donne aux farines et aux substances avec lesquelles elle est mélangée, tant à l'extérieur qu'à l'intérieur, une couleur jaune ou dorée qui flatte l'œil. La fève et le pois ne sont pas seulement capables de bien faire lever et gonfler le pain et de lui donner une belle couleur, mais encore d'en faire un pain bien sain et bien nourrissant ; et s'ils ont un goût un peu fort, il est corrigé par les farines ou substances avec lesquelles ils sont mélangés. La farine de fèves fait de très-bons et beaux gâteaux. La purée de fèves et celle de pois font de très-bonnes soupes. Il serait donc à propos de mélanger des farines de fèves et de pois avec les autres farines ou substances dont on se sert pour la fabrication du pain. Ces deux légumes produisent beaucoup, cependant leur culture est généralement négligée ; il faudrait pour le bien de l'alimentation publique que les cultivateurs semassent un peu moins de blé et un peu plus de fèves et de pois ; par exemple, que celui qui sème quatre mesures de blé, n'en semât que trois, et semât à la place de la quatrième des fèves et des pois.

On sème ces légumes à l'entrée ou à la sortie de l'hiver, vu que les grandes chaleurs nuisent à leur grainage.

La châtaigne est, sans contredit, le fruit le plus nourrissant et un des plus savoureux. Dans les pays où le châtaigner est cultivé, les habitants qui font, pendant tout l'hiver, de son fruit, une de leur principale nourriture, obtiennent dans cette consommation une grande économie de pain. On mange la châtaigne frite ou cuite dans l'eau avec un peu de sel ; elle est excellente dans les ragoûts ou en garniture ; on la mange encore en pain, et voici la manière dont on procède. On pèle les châtaignes, on les fait cuire dans l'eau, on lève ensuite la petite pelure, et on les pétrit seules, ou on les mélange avec d'autres substances ; ou bien encore on les pèle et on les fait sécher sur des claies, au soleil ou du moins dans des lieux chauds. Quand elles sont sèches, on les fait moudre dans un moulin ordinaire : les châtaignes sèches, ainsi que la farine, se conservent longtemps. Si le pain de châtaignes n'est pas agréable à l'œil, il est très-agréable au goût et très-nourrissant. La farine de châtaignes, mélangée avec des substances ou denrées désagréables au goût, en corrige les défauts.

Quoique le châtaigner soit un des arbres les plus utiles à l'alimentation publique et un des moins difficiles pour la culture, se contentant d'un terrain si ingrat, qu'il ne convient pas aux autres arbres, c'est néanmoins celui de tous les arbres dont la culture est

la plus négligée. Pour la fabrication du pain on choisit ordinairement les plus petites châtaignes et on
mange les grosses à la main.

La pomme de terre se mange de bien des manières : on en fait des biscuits, des crêmes, des gâteaux de Savoie, sans farine, ni lait, ni beurre ; on
en fait aussi de la semoule, du pain, etc., etc.

La pomme de terre se cultive généralement partout
et fait l'alimentation d'une grande partie de la population. Pour la conserver, on la fait cuire à la vapeur, on enlève la pellicule, on l'écrase de manière
à la réduire en bouillie, et on la place, jusqu'à la
concurrence de deux à trois doigts d'épaisseur sur des
claies plates, garnies de petits rebords, proportion-
nés à la dimension du four. On peut en mettre deux
ou trois l'une sur l'autre, en laissant un intervalle
entre elles de quatre à cinq centimètres, on les met
dans le four après la cuisson du pain. Si l'on n'a pas
fait du feu au four, on le chauffe de manière qu'il soit
chaud comme il l'est quand on en retire les pains
cuits. On y introduit ensuite les claies, et on a soin
de ne pas fermer le four, afin d'accélérer la dessication des pommes de terre, en donnant à la vapeur
qui s'en exhale le moyen de s'échapper facilement.

Lorsqu'il ne sort plus de vapeur du four, que les
particules des pommes de terre sont bien cassantes
sous les doigts et rendent, par leur frottement, un
bruit semblable à celui des coquilles de noix que l'on
remue, elles sont suffisamment desséchées, et il faut

alors les retirer ; on les laisse ensuite refroidir sur les claies, après quoi on les renferme dans des sacs que l'on place dans un grenier ou dans un tel endroit convenable, pourvu qu'il ne soit point humide. Cette dessication doit s'opérer promptement afin qu'elle sorte du four blonde, cornée, transparente et de bon goût. Si la dessication languissait, la pulpe n'aurait pas la même qualité, elle perdrait sa belle couleur et noircirait. On pourra ensuite convertir ces pommes de terre en farine, en les faisant moudre dans un moulin ordinaire de la même manière que le grain.

Cette farine n'est susceptible d'aucune fermentation, tant qu'on la préserve de l'humidité ; elle se conserve plusieurs années sans rien perdre de sa qualité et sans exiger aucun frais de manipulation.

Cette méthode présente l'avantage précieux de pouvoir conserver, par des procédés très-simples, la pulpe entière de la pomme de terre, pendant très-longtemps, et de l'employer toute l'année, soit à la subsistance de l'homme, soit à la nourriture des animaux. Loin de perdre de sa qualité primitive, elle acquiert, par les deux degrés de cuisson qu'elle éprouve, une saveur plus agréable que celle qu'elle a dans son état de fraîcheur. Elle est même plus nourrissante, parce que les parties nutritives étant plus concentrées, on a la faculté de restreindre leur expansion par une quantité de liquide plus ou moins forte, suivant l'emploi auquel on la destine. La pomme de terre se conserve également bien en fécule ou amidon. La pomme de terre est de tous les légumes le plus utile et le plus économique pour l'alimentation publique.

Dans les pays chauds, on conserve les racines tuberculeuses en pleine terre, tels que les navets, raves, radis, carottes, betteraves, scorsonères, etc.; il y en a qui les couvrent d'un peu de paille, ou de feuilles, ou de fumier, et d'autres ne les couvrent pas; mais dans les pays froids, on les arrache. On creuse dehors une fosse, que l'on recouvre de planches, sur lesquelles on met une couche de terre, ensuite de paille ou de feuilles, afin que le froid et l'humidité n'y pénètrent pas; on laisse d'un côté une ouverture par laquelle on introduit les racines dans la fosse, pour les y conserver. La scorsonère, le topinambour, l'igname, etc., se conservent facilement en pleine terre.

Les poires, les pommes d'arbre se conservent dans le grenier ou la cave; mais la courge ne se conserve que dans un lieu chaud où le froid ne peut pas pénétrer.

En général, les grains ou graines, les racines tuberculeuses, même certains légumes servant à l'alimentation de l'homme, peuvent être employés avantageusement à la fabrication du pain, en les mélangeant ordinairement avec la farine de riz, de froment, de seigle, d'orge, ou d'autres substances propres à en corriger les défauts, si toutefois on en remarquait, en observant exactement les justes proportions que demande chaque espèce.

Voici quelques recettes que je soumets à l'appréciation du public ; les diverses épreuves auxquelles je
me suis livré me font espérer un heureux succès.

Pain économique.

Ce pain, dont on ne saurait trop multiplier la re-
cette, surtout pour les pauvres gens, se compose d'un
mélange d'orge, d'avoine, de vesces blanches et vertes, de grosses et petites fèves ; on n'y met tout au
plus qu'un huitième de cette dernière espèce de légume. Ce pain est très-facile à faire. Après avoir fait
moudre ces grains, on sépare la farine du gros son.
On peut y ajouter des pommes de terre ; il faut les
peler toutes crues, les râper et les jeter dans un
vase rempli d'eau. Douze heures après, il faut les en
retirer pour les mettre dans une corbeille ou un linge, et l'eau s'étant écoulée, on les pétrit avec le reste.
On peut encore adopter la pratique de peler les pommes de terre, de les faire bouillir, de les mettre ensuite dans une corbeille ou linge pour en tirer l'humidité, et lorsqu'elles sont bien sèches, on mêle le
tout ensemble ; mais la meilleure méthode est de
faire, comme nous avons dit, en parlant de la conservation de la pomme de terre ; ou bien encore de
couper les pommes de terre en petits morceaux, après
les avoir pelées, de les faire sécher dans le four lorsqu'on vient d'y cuire le pain ; ou sur les poëles, et
de les faire moudre avec les autres grains ou légumes. Lorsque ce pain a été fait avec soin, il est sain,

nourrissant et d'un bon goût, surtout s'il est frais; quand il est rassis, il est plus dur que du pain de seigle, sans néanmoins contracter aucun mauvais goût. Pour rendre ce pain plus agréable et plus savoureux, il faut jeter une poignée ou deux de sel dans la pâte, qu'on laisse ensuite bien lever.

Pain d'orge.

Dans les années où le froment donne peu, on peut employer avantageusement une espèce d'orge, qui est d'une prodigieuse fécondité, et qui peut suppléer au froment et au seigle, lorsque ceux-ci manquent. Cette espèce d'orge s'appelle *orge nue*, parce qu'elle n'est pas couverte d'une écorce dure et pailleuse comme l'orge ordinaire. Cette orge est une espèce de froment; elle en a le goût et fait une très-bonne nourriture. Elle a encore une propriété, c'est qu'en la faisant sécher au four, elle donne un gruau semblable au riz de Piémont. Deux livres de ce gruau bouilli dans quatre pintes d'eau, peuvent nourrir amplement dix personnes. Si on veut le rendre encore meilleur, on le fait cuire avec un peu de viande.

Pain de patates.

On peut faire avec les patates de fort bon pain ; il suffit pour cela de faire bouillir cette racine, d'en prendre la pulpe, de la mêler, poids pour poids, avec une égale quantité de froment. On pétrit ces deux substances ensemble ; on en forme du pain que l'on fait cuire au four ordinaire. On peut faire aussi de l'amidon avec ces racines.

Pain de pommes d'arbres.

Pour faire avec des pommes ordinaires un pain bien supérieur en qualité à celui des pommes de terre, on fait cuire dans de l'eau un tiers de pommes pelées; on les écrase toutes chaudes dans deux tiers de farine, y compris le levain, et l'on pétrit le tout sans eau, le jus des fruits étant très-suffisant. Quand ce mélange a la consistance de la pâte, on le met dans une écuelle ou vase (à cause du jus), où on le laisse lever pendant environ douze heures. On obtient, par ce procédé, un pain bien sucré, plein d'yeux et très-léger. Au lieu de mettre deux tiers de farine pour un tiers de pommes, on peut mettre égal poids de l'une et des autres.

Pain de poires.

Le pain de poires, qui est bien supérieur à celui de pommes, se fabrique de la même manière.

Les pâtés de poires et de pommes sont excellents. On les prépare ainsi : on prend une certaine quantité de farine de froment que l'on pétrit bien avec un peu de beurre, des œufs, du sel; quand la farine est bien pétrie, on l'étend assez mince. Sur la moitié de cette pâte bien étendue, on met une forte couche de quartiers de poires ou de pommes pelées et blanchies dans l'eau, et on recouvre cette couche de fruits de la moitié de la pâte sur laquelle il n'y a point de couche de poires ou de pommes. Ces fruits étant bien fermés dans la pâte, on dore le pâté avec un jaune d'œuf, ensuite on le met dans le four convenablement chauffé. Les omelettes et beignets de poires et de pommes avec de la farine de froment sont excellents. On mêle les pommes et poires en quartiers plats dans de la farine ou de la pâte.

Pain de riz.

La farine de riz, qui est rude et sèche comme du sablon, se travaille difficilement, si l'on n'y mêle de la farine de seigle.

La première façon que l'on donne au riz, est de le réduire en farine, ce qui se fait par le moyen d'un moulin, ou quand on n'en a pas, de la manière suivante. On fait chauffer de l'eau dans une marmite ou chaudière; lorsqu'elle est prête à bouillir, on y jette du riz en grain à discrétion ; on retire aussitôt le vaisseau de dessus le feu, et on laisse tremper le riz du soir au matin. Le riz tombe au fond, et on le met pour égoutter sur une table, que l'on a soin auparavant de disposer en pente. Lorsqu'il est sec, on le pile et on le réduit en farine, que l'on passe ensuite par le tamis le plus fin que l'on peut avoir.

On prend de cette farine ce que l'on en juge à propos et on la met dans le pétrin. En même temps, on fait chauffer une quantité d'eau suffisante dans une chaudière où l'on jette quatre jointées (les deux mains jointes) de riz en grains que l'on fait bouillir et crever. Lorsque cette matière gluante et épaisse est un peu refroidie, on la verse sur la farine, et on pétrit le tout ensemble en y ajoutant du sel et du levain ; on la couvre ensuite de linges chauds, et on laisse lever la pâte. Dans la fermentation, cette pâte, de ferme qu'elle était, devient liquide comme de la bouillie, et paraît ne pouvoir être employée utilement à faire du pain ; mais voici de quelle manière on se conduira.

Pendant que la pâte lève, on a soin de faire chauffer le four, et lorsqu'il est convenablement chaud, on prend une casserole étamée, emmanchée dans une perche assez longue, pour qu'elle puisse atteindre jusqu'au fond du four ; on met un peu d'eau dans cette casserole, on la remplit ensuite de pâte et on la couvre de feuilles de choux ou d'autres grandes feuilles et d'une feuille de papier. On enfourne la casserole, et lorsqu'elle est dans le four à la place où l'on veut mettre le pain, on la renverse promptement la chaleur du four saisit la pâte, l'empêche de s'étendre, et lui conserve la forme que la casserole lui a donnée.

Le pain de riz sort du four aussi jaune et aussi beau que les pâtisseries qu'on a dorées avec le jaune d'œuf ; il est d'aussi bon goût qu'appétissant à l'œil, et se trempe dans le bouillon de même que le pain de froment. Cependant sa bonne qualité diminue considérablement lorsqu'il est un peu rassis.

Pain de sarrasin ou de blé noir.

Si en faisant moudre le sarrasin ou blé noir, on a soin de faire ce qu'on appelle vulgairement une mouture ronde, au moyen de laquelle le son est toujours large, sec et aplati, on aura une farine très-blanche ; autrement elle sera piquée, à cause de l'écorce que les meules écrasent en même temps, elles l'y mêlent et on ne peut jamais l'en séparer, c'est la seule cause qui la rend grisâtre.

On a tenté beaucoup d'essais pour faire du pain avec la farine de sarrasin sans aucun mélange, mais on n'est pas encore parvenu à en tirer un bon pain, car on a beau faire, il ne reste pas frais longtemps. Dès le lendemain de la cuisson, il se sèche, il se fend, s'émiette et finit par devenir insupportable ; mais on corrige la plupart de ces défauts en mélant ce grain avec de l'orge, du seigle ou du froment.

Il y a une autre espèce de blé noir qui nous vient de Tartarie ou de Sibérie ; il diffère du sarrasin ordinaire par la couleur plus jaunâtre de sa tige ; ses bouquets plus allongés mais rassemblés en tête. Les angles de ses semences sont égaux, la semence est moins grosse, ses fleurs très-petites, les tiges sont assez dures pour résister et n'être pas meurtries et couchées par des coups de vent. Il est employé aux mêmes usages que le blé noir ordinaire ou sarrasin ; sa paille est trop dure et ne peut servir que de litière aux bestiaux. Cette espèce de blé noir est plus productive que le sarrasin, le grain ne s'écrase point sous les pieds du batteur, ni sous le fleau; il est aussi dur que le grain de froment; la mesure en est plus pesante que celle du sarrasin, sa farine plus douce, bonne en soupe, en friture, très-propre pour la fabrication des toiles, pour engraisser les bestiaux et la volaille. Elle prend suffisamment d'eau; la pâte a plus de liaison, le pain est plus nourrissant; les bestiaux en mangent le son. Le grain se conserve au gerbier et au grenier; il ne s'échauffe point, et ne prend point de goût de fort et de moisi; il peut se conserver plus de deux années, comme le froment. Les charançons ne l'attaquent pas; mais les rats le recherchent de préférence à tout autre grain.

Le sarrasin ne possède aucun des avantages que présente le blé noir de Tartarie; il est surprenant qu'il ne soit pas plus généralement cultivé. Il est des pays, tels que la Côte-Saint-André, Tullins et leurs environs, où l'on remplit, une fois la moisson faite, presque toutes les terres de blé noir, que l'on sème jusqu'au 10 août. Les cultivateurs en font des récoltes abondantes, et pendant tout l'hiver, ils en font leur principale nourriture; ils en mêlent la farine avec celle de froment ou de seigle, et en font aussi d'excellents gaufres, beignets, etc. De cette manière ils font une grande économie de blé; cette bonne culture leur permet d'approvisionner les marchés de toutes sortes de céréales propres à l'alimentation de l'homme. Les terres étant ainsi toujours occupées, s'en trouvent beaucoup mieux que si elles restaient incultes, et dévorées par les mauvaises herbes qui ne sont pas toujours détruites quand arrive le moment de semer le blé.

Pain de maïs.

Jusqu'ici on n'a pas trouvé le moyen de faire seul. c'est-à-dire sans mélange, le pain de maïs ; la pâte ne lève pas ; il ne trempe pas à la soupe ; mais si on le mêle avec la farine de froment ou même de seigle, on aura un bon et beau pain, bien nourrissant ; et voici comment on la fabrique. On prend une certaine quantité de farine de froment ou de seigle que l'on pétrit à la manière ordinaire ; quand cette pâte sera bien levée, on pétrira avec elle une même quantité de farine de maïs, à l'eau bouillante, et après en avoir fait des pains, on les enfournera aussitôt; de cette manière on aura un pain agréable au goût, sain , nourrissant et bien levé.

On fait encore de la farine de maïs des polentas ; voici comment on la fabrique. On met dans une marmite ou chaudière de l'eau, du sel (quelques-uns y ajoutent du beurre) et de la farine de maïs, que l'on fait cuire pendant environ dix minutes , en la re-muant toujours avec un bâton. Quand elle sera cuite, on la versera sur une table, on la coupera en tranches que l'on mangera chaude, parce que refroidie, elle n'est pas bonne ; il faut donc faire réchauffer celle qu'on n'aurait pu manger après la cuisson. On fait encore de cette bouillie cuite, des fritures, que l'on fait cuire dans la poële et qui sont excellentes et d'une belle couleur.

Pain de pommes de terre.

Il faut mettre des pommes de terre bien cuites et bien pelées dans le pétrin, les couvrir d'eau bouillante et les écraser, jusqu'à ce qu'elles soient converties en une bouillie bien broyée. On ne doit épargner ni le temps, ni la peine, parce qu'il est essentiel que le tout soit broyé jusqu'à la moindre parcelle. On mêle la moitié, un tiers ou un quart de cette bouillie avec la farine de froment, et on obtient, par ce mélange, un pain d'un très-bon goût, et qui est un aliment très-sain et aussi propre à donner de la vigueur que le pain ordinaire ; ses effets sont même plus favorables à la population.

En Saxe et en Vogtland, on prépare de la manière suivante les pommes de terre pour en faire du pain. On choisit les plus grosses, on les pèle, on les râpe bien fin, on les met dans un baquet; on verse de l'eau fraîche dessus, qu'on laisse vingt-quatre heures, puis on fait écouler cette eau. On en reverse de nouveau jusqu'à ce que l'eau, que l'on fait ensuite écouler, soit aussi claire qu'on l'a versée; puis on prend cette masse que l'on met dans un linge blanc pour la laisser égouter; ensuite on l'étend sur une planche pour qu'elle sèche, après quoi on la mout et on la broie soit sur une pierre à broyer les couleurs, soit dans un mortier. On peut aussi râper les pommes de terre sans les peler ; dans ce cas, on les lave bien avant de les râper pour en ôter toute la terre, et quand on a versé de l'eau dessus on les remue avec un bâton pour faire monter au-dessus de l'eau les pelures, qu'on enlève avec une écumoire. On prend, pour faire du pain avec ces pommes de terre ainsi préparées, moitié farine de froment et moitié farine de pommes de terre ; on y met autant de levain qu'on a coutume d'en prendre pour une pareille portion de farine, et l'on pétrit le tout comme à l'ordinaire. Si c'est de la farine de seigle que l'on mêle avec les pommes de terre, on ne prend qu'un tiers de celles-ci et deux tiers de farine de seigle.

On fait cuire les pommes de terre dans l'eau , environ un quart d'heure ; puis on les pèle, on les rape bien fin, on mêle le tout avec le levain que l'on pétrit comme d'autre farine.

Il a été fait dans plusieurs pays l'expérience d'une panification composée de deux tiers de farine de froment et d'un tiers de pommes de terre, ou bien d'un tiers de farine de froment, un tiers de farine de seigle, et un tiers de pommes de terre. Ces expériences ont parfaitement réussi, il en est résulté un pain très-blanc , fort nourrissant et qui se tient longtemps frais.

Le procédé est simple et facile. On fait cuire dans l'eau commune la pomme de terre jusqu'à ce qu'elle cède facilement sous le doigt ; on la pèle, on l'écrase et on en forme une pâte peu liquide, en y ajoutant une petite quantité d'eau.

Cette préparation terminée, on pétrit séparément la farine de froment ou celle de seigle; on y joint la pâte de pommes de terre, on pétrit de nouveau, et lorsque le mélange est bien opéré, on forme le pain comme à l'ordinaire. En y ajoutant un peu de sel, le pain prend un goût plus agréable. Par cette manipulation, on diminue d'un tiers la consommation des grains et on aura une nourriture plus économique.

Autre pain de pommes de terre.

On fait du pain composé de moitié de farine d'orge et de moitié de pommes de terre. Ce pain est moins agréable au goût que le précédent, il est un peu rafraîchissant.

Pain de panais et de pommes de terre.

On prend des pommes de terre et des panais, comme on le juge à propos, que l'on fait cuire suffisamment pour les réduire en farine; ensuite on les pétrit bien et on mêle cette pâte avec du levain de froment ou de seigle.

Pain de courge ou citrouille.

La courge a plus de saveur dans le Midi que dans le Nord. Elle est une excellente nourriture pour les hommes comme pour l'animal. On en fait de la soupe et on la prépare aussi en ragoût, soit en l'aiguisant un peu avec le verjus ou avec le vinaigre. On en fait

aussi du pain. Voici la manière dont on le fabrique :
on ôte la peau de la courge, on la fait cuire sans eau,
elle rend du jus en abondance ; lorsqu'elle est suffisamment cuite, c'est-à-dire qu'elle est réduite en
bouillie, on la passe à travers un gros linge, pour en
retirer de petits fibres qui s'y rencontrent, après quoi
on détrempe la farine avec cette eau de courge, en
ajoutant de l'eau s'il est nécessaire, et l'on en fait du
pain de la manière dont on fait le pain ordinaire. Ce
pain est jaunâtre et très-agréable au goût, un peu
gras lorsqu'il est cuit, rafraîchissant, léger, très-sain
pour ceux qui ont besoin de rafraîchissement ; il convient de mélanger avec la courge la même quantité
de farine de froment ; si c'est de la farine de seigle,
on en mettra deux tiers de celle-ci pour un tiers de
courge.

La courge étant d'une grande utilité pour l'alimentation, il est important de la cultiver avec soin,
elle aime beaucoup l'engrais, la terre où il n'y
a pas d'arbres et bien défoncée. Si elle est bien cultivée, elle produira beaucoup.

Pain de châtaignes.

On prend des châtaignes en quantité suffisante, on
les pèle, on les fait ensuite cuire, on enlève la petite
pelure, on les écrase bien dans le pétrin, et on en
fait du pain à la manière ordinaire ; ou mieux encore,
on fait sécher les châtaignes sur des claies préparées
pour cela, au soleil ou dans un lieu chaud ; quand

elles sont bien sèches , on les fait moudre et de la farine on en fait un pain excellent, savoureux, sain, et bien nourrissant ; il est de la couleur de la châtaigne cuite. Si l'on mélange avec les châtaignes un quart. un tiers , ou la moitié de farine de seigle ou de froment, on aura un pain encore meilleur et de plus bélle couleur.

Pain de glands.

En 1816, on a fait, dans certains pays, du pain de glands. On fait bien sécher les glands; quand ils sont bien secs, on les fait moudre ; on sépare bien le son de la farine , on pétrit ensuite cette farine avec une égale quantité de farine de froment ; si c'est de la farine de seigle , on en met deux tiers pour un tiers de farine de glands. Ce pain est bon, sain et nourrissant. On fait aussi du café de glands.

Pain de topinambours.

Prenez une quantité suffisante de topinambours que vous ferez cuire dans l'eau ou dans le four comme la pomme de terre ; qnand ils seront bien cuits, vous les pèlerez, ensuite vous les écraserez de manière à les rendre en pâte ; vous pétrirez cette bouillie ou pâte avec une égale quantité de farine de froment ; et si c'est de la farine de seigle, on en mettra deux tiers pour un tiers de topinambours; de cette manière on aura un pain à peu près semblable à celui de la pomme de terre.

Le topinambour produit beaucoup ; sa culture est

très-facile ; il est une excellente nourriture pour les animaux et même pour l'homme, cependant il est inférieur à la pomme de terre.

Pain de betteraves.

Prenez une quantité suffisante de betteraves que vous couperez en morceaux, après toutefois les avoir pelées, vous les ferez ensuite bien cuire ; quand elles seront assez cuites, vous les écraserez, les pétrirez bien avec leur jus, qui tiendra lieu d'eau ; vous mélangerez avec cette pâte la même quantité de farine de froment, et si c'est de la farine de seigle, vous en mettrez deux tiers pour un tiers de betteraves. La betterave vous donnera un pain sain, léger, rafraîchissant et d'un bon goût.

Pain de raves.

Vous prendrez la quantité de raves que vous jugerez à propos, vous les pèlerez, les couperez en morceaux, comme pour la soupe ; quand elles seront bien cuites, vous les égoutterez, ensuite vous les écraserez, vous les réduirez en pâte, à laquelle vous mêlerez la même quantité de froment que vous pétrirez tout ensemble ; si c'est du seigle, vous mettrez deux tiers de celui-ci pour un tiers de raves. Pour que vos raves soient plus douces, vous pourriez les assaisonner comme vous faites pour la soupe de raves ; dans ce cas, vous n'auriez pas besoin de les égoutter. Le pain de raves est bon, agréable au goût, d'une belle couleur, sain, léger, rafraîchissant.

Pain de navets.

Le pain de navets se fabrique de la même manière et lui est préférable ; car le navet n'est pas aussi fort que la rave.

Pain de radis.

Le pain de radis se fait encore de la même manière que le pain de raves.

Pain d'esparcettes.

Prenez la quantité de graines d'esparcettes que vous jugerez à propos, faites-les moudre, séparez-en bien le son ; pétrissez cette farine avec une égale quantité de froment, ou bien avec deux tiers de farine de seigle pour un tiers d'esparcette ; de cette manière vous aurez un pain agréable au goût, sain et nourrissant.

Pain de scorsonères.

Prenez la quantité que vous jugerez à propos de scorsonères ; levez-en la pelure ; faites-les cuire dans l'eau ; quand elles seront cuites, vous les écraserez bien pour les réduire en bouillie ; vous les pétrirez ensuite, en y laissant le jus avec une égale quantité de froment, ou avec deux tiers de farine de seigle pour un tiers de scorsonère. Ce légume vous donnera un pain sain, de belle couleur, nourrissant et fort agréable au goût.

Pain de racines jaunes.

Le pain de racines jaunes, un peu inférieure à celui scorsonère, se fabrique de la même manière.

Pain d'igname.

Prenez la quantité de tubercules d'igname que vous jugerez à propos, que vous ferez bien cuire dans l'eau ou dans un four ; quand ils seront cuits, vous les écraserez après en avoir ôté la pelure ; vous les pétrirez ensuite en y laissant le jus, qui tiendra lieu d'eau, avec une égale quantité de froment ; si c'est du seigle, vous en mettrez deux tiers pour un tiers d'igname. Ce légume vous donnera un pain beau, sain, très-savoureux et très-nourrissant.

Pain de pois.

Faites moudre la quantité de pois que vous jugerez à propos, séparez-en bien le son, pétrissez cette farine avec une égale quantité de farine de froment ; si c'est de la farine de seigle, vous en mettrez deux tiers pour un tiers de pois ; de cette manière, vous aurez un pain sain, bien nourrissant, agréable au goût et parfaitement doré.

Pain de fèves.

Faites moudre la quantité que vous voudrez de fèves, dont vous séparerez bien le son ; pétrissez cette farine avec une égale quantité de farine de froment ; si c'est du seigle, vous en mettrez deux tiers pour un tiers de farine de fèves. La farine de fèves vous donnera un bon pain, sain, bien levé et gonflé, très-nourrissant et d'une belle couleur.

Pain économique.

Riz, maïs, fèves, ignames, ou pommes de terre, ou topinambours. Voyez pour chaque espèce, les préparations indiquées ci-dessus. Ce pain est très-bon, bien nourrissant, d'une belle couleur et savoureux. On met à égale quantité de chaque espèce.

Autre pain économique.

Froment, fèves, pommes de terre, ou topinambour ou ignames, betteraves, poids pour poids de chaque espèce ; voyez les préparations indiquées plus haut, chacune en son lieu. Ce mélange donne un pain très-bon, très-sain, rafraîchissant, agréable au goût et nourrissant.

Autre pain économique.

Seigle, fèves, pois, pommes d'arbres ; voyez les préparations indiquées plus haut, chacune dans son lieu. Ce mélange donne un pain bon, sain, nourrissant, d'une assez belle couleur et rafraîchissant. (Même quantité de chaque espèce.)

Autre pain économique.

Blé noir, fèves, poires, courges ; voyez les préparations mentionnées ci-dessus. Ce pain est d'un bon goût, d'une belle couleur, rafraîchissant et nourrissant. (Même quantité de chaque espèce.)

Autre pain économique.

Esparcettes, fèves, raves, topinambours ou pommes de terre ; voyez les préparations indiquées plus haut chacune dans son lieu. Ce pain est sain, bon et nourrissant. (Egale quantité de chaque espèce.)

Autre pain économique.

La farine de riz, mélangée avec une égale quantité de farine de fèves ou de pois, donne un pain très-bon, très-coloré, bien nourrissant, bien rafraîchissant et très-levé.

Autre pain économique.

La farine de fèves et de pois mélangée avec nos céréales ordinaires, froment, seigle, orge, maïs, avoine, puis encore avec certains légumes et racines tuberculeuses propres à l'alimentation de l'homme, navets, radis, raves, betteraves, pommes de terre, ignames, topinambours, scorsonères, courges ou citrouilles, poires, pommes d'arbres, châtaignes, sans les mélanger avec d'autres farines, donne un pain bon, sain, nourrissant, agréable au goût, d'une belle couleur et rafraîchissant.

GAUDIN,

Curé de Froges, canton de Goncelin, arrondissement de Grenoble (Isère).

Nous avons reçu, après le concours, des additions au mémoire déjà si utile de M. le curé Gaudin. La première partie de ces additions concerne les préparations que font subir les Américains à la farine de maïs ; elles sont déjà exposées pages 42 et 43 dans le mémoire de M. le docteur Bertherand ; nous allons seulement extraire de la lettre de M. Gaudin, du 21 mai 1862, ce qui sera nouveau.

« Le maïs rouge d'Amérique vient généralement partout, même dans les pays froids, ce qui est un grand avantage, vu que son usage est très-utile à l'alimentation de l'homme et de l'animal ; il fait un très-beau et très-bon pain, l'enveloppe du grain fait de très-beau et très-bon papier, même après avoir servi de garniture aux paillasses de lit. J'en ai planté l'année dernière dans mon jardin, et il a été mûr un mois avant l'autre. L'année dernière on en a cultivé dans les montagnes du Bourg-d'Oisans, qui a très-bien mûri ; il faut espérer que ce maïs sera bientôt propagé dans tous les pays froids.

» Une autre plante qu'il faudrait aussi propager, c'est l'*igname de Chine* ; ce légume étranger qui remplace si admirablement la pomme de terre, qui produit beaucoup plus, qui peut se manger en autant de manières et qui est infiniment meilleur. L'igname est d'une culture très-facile ; il se cultive à peu près comme la pomme de terre et il produit beaucoup plus que ce tubercule. Depuis plusieurs années je le cultive moi-même ; je le laisse continuellement dans la terre, où il ne gèle pas, se conserve très-frais. Pendant l'hiver je mets dessus une couche de fumier. J'en arrache à mesure que j'en veux manger ; il est d'un goût exquis. Comme il aime à pénétrer dans la terre, il convient par conséquent de la bien défoncer, et plus elle sera défoncée, plus il produira. »

GAUDIN, curé.

EXTRAITS ET FRAGMENTS ÉTENDUS

DU

MÉMOIRE N° 19,

MIS HORS DE CONCOURS, SUR LA DEMANDE DE SON AUTEUR,

Auquel a été décerné une Médaille commémorative

« Forsan et hæc olim meminisse juvabit. »

Que chacun comme nous apporte une pierre à l'édification du bonheur général, que chacun prenne à cœur de traiter les questions d'utilité universelle, et sans nul doute l'humanité deviendra meilleure en devenant plus éclairée !

C'est un digne mobile qui nous pousse irrésistiblement à entreprendre cette étude. Nous puiserons dans la grandeur et l'importance de notre mandat les forces nécessaires pour lutter corps à corps avec les difficultés qu'offre la question mise cette année au concours par l'administration de *l'Industriel Français.*

De plus, nous avons heureusement en réserve les résultats de bon nombre d'expériences décisives autant que concluantes, faites par nous, il y a longtemps, au sujet de la question traitée dans cet opuscule.

Pour entretenir la vie, pour être un aliment par excellence, toute matière doit contenir de l'*azote* au nombre de ses éléments constituants; c'est dire que pour fabriquer du pain, il faut faire entrer dans la composition de celui-ci un corps contenant de l'azote.

Cette nécessité d'un corps azoté pour l'alimentation des animaux se déduit naturellement de la composition des substances animales ou animaloïdes qui contiennent de l'azote au nombre de leurs principes constituants.

Ce serait cependant une erreur de croire qu'il n'y ait que les animaux susceptibles de servir de nourriture aux êtres organisés; les plantes peuvent aussi entretenir la vie. La raison en est que celles-ci, comme les animaux, contiennent de l'azote au nombre de leurs éléments, mais toutefois en moins grande quantité que ceux-ci.

Si dans les matières animales, nous avons de la *fibrine* et de l'*albumine* (substances qui se trouvent dans le blanc d'œuf, la viande, le sang, etc.), dans les végétaux, nous avons l'*albumine végétale* qui se coagule, se cuit comme le blanc d'œuf; nous avons le *gluten* dans le grain de blé. Toutes les plantes, quoique contenant de l'azote, ne seraient pas propres à préparer la base de la nourriture de l'homme. Il faut que cet élément y soit en assez forte quantité, pour qu'avec une dose limitée d'aliments, l'homme puisse arriver à soutenir ses forces.

Ainsi, du pain fabriqué avec des farines peu azotées, c'est-à-dire peu riches en gluten, donne un produit qu'il faut ingurgiter en grande quantité pour se nourrir. Cette surabondance de matières agglomérées dans l'estomac débilite et fatigue cet organe.

Le blé n'est pas la seule substance qui serve à faire le pain, beaucoup d'autres sont employées à sa place, soit dans les pays où le pain se fait communément avec le blé, soit dans ceux où cette céréale est inconnue. Le seigle et l'orge servent le plus souvent de succédanés au blé. Dans beaucoup de localités, le pain de seigle est l'aliment du pauvre comme du riche ; dans d'autres, la classe aisée seule en mange ; le peuple se nourrit de pommes de terre, de sarrazin, etc. Le pain d'orge est inférieur au pain de seigle ; il est très-compacte, un peu âcre ; cependant il sert d'aliment dans beaucoup de pays, notamment dans quelques provinces d'Espagne et d'Allemagne.

La farine d'avoine est celle des céréales qui donne le pain le moins bon : il est lourd, compacte, noir, sans liaison, d'un goût amer et nauséabond.

La mauvaise qualité de ce pain est si bien reconnue, que beaucoup d'ordres monastiques avaient mis dans leurs statuts, que « Tout frère ayant péché, devait » pendant sa pénitence faire usage de pain d'avoine, » pour mortifier le corps et arracher l'âme à l'in-

» fluence satanique des passions mondaines (*sic*). »

Le maïs, le sarrazin, le sorgho, le millet, le riz et d'autres semences des graminées servent dans bien des localités à préparer des pâtes, des gâteaux plus ou nourrissants, plus ou moins agréables, mais qui ne peuvent jamais remplacer le pain des céréales. Toutes ces farines donnent des pains qui ne peuvent lever, mais par leur mélange avec la farine de blé, elles acquièrent de meilleures qualités. A différentes époques on a utilisé les farines de vesces, de haricots, de pois, de lentilles, etc ; mais ces graines ne peuvent entrer que pour un cinquième dans la composition du pain.

Enfin, en Zélande on a fait du pain avec la racine de fougère des tropiques, grande plante à forme d'arbres, à racines très-grosses.

En Laponie, on se sert pour cela de la fécule de lichen d'Islande, préalablement macérée dans l'eau bouillante pour enlever le principe amer.

En Amérique, on emploie au même usage le *manioc* dont on fabrique le *pain de cassave*.

Les Ortracks et les Kalmoucks, peuplade de la Sibérie, préparent le pain avec la racine de nénuphar blanc. Le chiendent, la châtaigne ont été usités pour faire une galette dans les temps de disette.

Les Esquimaux préparent du pain en pétrissant certaines racines avec la chair de certains poissons.

Dans une région plus rapprochée de nous, dans le pays Basque, le Béarn et les Landes, on mange beaucoup de pain de maïs, dit *méture*.

Toutes les fécules dont nous venons d'esquisser les avantages, se prêtent difficilement à la panification, parce qu'elles manquent du principe azoté, le gluten. L'indication d'aucune de ces farines ne saurait répondre à la question du concours; il nous faut donc proposer un autre végétal, qui, associé à une certaine quantité d'une matière animale, donne un pain léger, agréable et nourrissant.

D'après les recherches que nous avons faites et que nous continuons en ce moment, cette plante est le *gouet d'Italie* ou *tuché, pied-de-veau, pain de serpent*.

Voici les causes qui ont attiré notre attention sur ce végétal, au point de vue de la fabrication du pain.

1º Ce végétal est très-riche en fécule.

2º Il contient un principe azoté.

En effet, ouvrons la Flore de Mérat (*Flore des environs de Paris*), nous y trouvons à l'article Arum :

« La racine d'Arum est susceptible de fournir » une fécule très-douce. Il serait curieux de répéter » l'analyse de la fécule d'arum, car on y a retrouvé, » dit-on, des principes animalisés. (Mérat, *Flore parisienne*, page 379, édition de 1812.) »

Notre attention a été éveillée par cette phrase, et avant de publier le présent mémoire, nous avons fait l'analyse de l'*Arum maculatum*.

La racine d'arum contient énormément de fécule associée à un principe âcre, dont on se débarrasse en torréfiant ces racines, coupées en rondelles, sur des plaques de fer, chauffées à 100° centigrades environ, pendant vingt-quatre heures.

Le pied-de-veau croit naturellement dans les sols bas et humides, où sa présence est peu nuisible aux végétaux environnants, vu que, par la nature de ses parties charnues et succulentes, il puise dans l'eau et dans l'acide carbonique de l'atmosphère la plupart de ses éléments de nutrition.

Les marécages, les bas-fonds, les sols froids et humides, les terrains trop bourbeux de certaines landes, où toute autre culture est impossible, seront avantageusement employés pour cultiver le pied-de-veau, que je n'hésite pas à proclamer le *profitable et glorieux émule des céréales*.

Le gouet se reproduit en plantant ses racines dans des fosses longues de deux décimètres environ, larges de douze centimètres et profondes d'un décimètre es et demi, selon les dimensions des racines.

Cette opération devra s'effectuer en janvier. On pourra ainsi utiliser le long des talus, des cours d'eau, et en général tous les endroits frais et humides.

Les racines seront bonnes à récolter en mars. Il faudra avoir soin de renouveler ces racines tous les deux ans. On coupe ces racines après les avoir lavées; on les fait sécher à l'air libre pour chasser l'humidité.

Cela fait, on les porte au four, et après dessication, on les place sur des plaques de fer chaudes, afin de volatiliser le principe âcre et vénéneux qui accompagne la fécule dans la racine d'arum.

Privées par la torréfaction de leur principe vénéneux, les racines d'arum peuvent être moulues ou
pulvérisées pour en obtenir la fécule. Celle-ci est d'une
blancheur éclatante, et le pain qu'elle donne peut
rivaliser avec celui du blé.

La racine de pied-de-veau est tubéreuse, charnue,
garnie de fibres. Si on l'examine à l'intérieur, elle
paraît formée d'une matière très-blanche, laquelle,
observée au microscope, n'est autre chose qu'un amas
de fécule gorgeant de petites cellules ayant chacune la
forme d'un dé à coudre (tissu cellulaire et utriculaire.)

La matière azotée que l'on trouve dans la racine
d'arum, paraît faire partie de l'enveloppe cellulaire,
qui, d'après les recherches de M. Félix Etienne, de
Paris, serait formée par de l'albumine végétale con-
centrée.

Nous avons pris 50 grammes de ces racines séchées
au four, celles-ci ont éprouvé un déchet de 15 grammes. Nous avons fait moudre ces racines, et nous
avons soumis à l'analyse chimique 30 grammes de
cette fécule purifiée.

Malaxée entre les doigts au moyen d'un filet d'eau,
toute la fécule a passé avec l'eau de lavage, en nous
laissant entre les doigts une matière grisâtre qui,
abandonnée à elle-même, exhale l'odeur des pois ai-
gres, ayant cependant un parfum *sui generis*, assez
difficile à caractériser. Séchée et pesée, cette matière
avait un poids de 2 grammes, d'où nous tirons, pour
la composition de la fécule d'arum, en centièmes :

Fécule.   66,66
Matière azotée.   33,34

Comme cette proportion de matière azotée est insuffisante pour donner un pain nutritif, il faudra ajouter à la pâte destinée à faire le pain de gouet une matière animale renfermant de l'azote.

La gélatine alimentaire extraite des os par le procédé donné dans *la Clef de la Fortune* (page 1), est le principe azoté le plus convenable, à raison de sa solubilité dans l'eau chaude.

Prenez 100 parties de fécule purifiée et 70 parties d'eau chaude dans laquelle vous aurez fait dissoudre 80 parties de gélatine alimentaire, extraite des os par le procédé donné dans le même ouvrage (p. 1, livre I, chap. Ier). On ajoutera quantité suffisante d'eau pour pétrir le pain, on fera lever et cuire par le procédé ordinaire, comme dans la manutention.

« Pour extraire la gélatine alimentaire, on fera
» macérer les os dans l'eau contenant un cinquième
» de son poids d'acide chlorhydrique (esprit de sel
» qui vaut de 0 f. 50 à 0 f. 60 le kil.), quatre parties
» d'eau et une d'acide chloryhdrique en poids. Ainsi
» traités, les os deviennent mous et flexibles, parce
» que l'acide dissout les sels calcaires. Si, au bout de
» dix jours, on fait bouillir ces os dans l'eau (5 kil.
» d'eau, 1 kil. d'os mous), cette eau se prend en
» gelée par le refroidissement. Cette gelée est la gé
» tine alimentaire. » (*Clef de la Fortune*, chap. Ier.)

Nous terminons ici notre travail, heureux si nous

, avons réussi à attirer l'attention des véritables hommes de progrès sur une plante dédaignée jusqu'à présent, et destinée à devenir le noble et glorieux émule des céréales.

APPENDICE.

Premier lauréat du concours ouvert l'année dernière, pour la fabrication du sucre à bon marché, nous saisissons avec empressement l'occasion de remercier nos juges de la noble impartialité avec laquelle ils ont apprécié notre travail.

Par une délicatesse que l'Administration comprendra sans doute, nous croyons devoir prier nos juges de vouloir bien mettre hors de concours le présent mémoire, vu qu'il n'a été présenté que pour soutenir, ainsi que nous l'avons dit en commençant, notre réputation de vulgarisateur et d'apôtre de la science utile et pratique, d'agent-voyer de la route qui mène au bien et à la vérité.

Bordeaux, le 27 mars 1862.

Jules LÉON,

Pharmacien de Paris, professeur de botanique et de chimie, directeur divisionnaire et lauréat de la Société du journal l'Industriel Français. (Médailles d'or et d'argent 1860).

AUGMENTATION DU RENDEMENT DES FARINES

DE 10 POUR 100

PAR LE DÉVELOPPEMENT DU GLUTEN.

NOUVEAU SYSTÈME DE PANIFICATION.

> Les inventions utiles, ainsi que des
> végétaux, croissent, se multiplient
> et mûrissent sans bruit; les fruits en
> sont cueillis sans peine ; le vulgaire
> en jouit sans s'informer comment
> ni d'où elles viennent, et sans s'ima-
> giner ce qu'elles ont coûté.

I. — Développement du Gluten.

EXPÉRIENCE AVEC 100 KIL. DE FARINE.

On opérera avec une bassine ou avec un chaudron
bien étamé, de la contenance de 20 à 25 kil. d'eau, le
plus grand possible, afin d'opérer plus promptement.
On l'emplira d'eau aux trois quarts, ayant soin de
peser l'eau, afin de se rendre compte, attendu qu'il

faudra 76 kil. d'eau pour une expérience de 100 kil. de farine. On fera dissoudre dans l'eau 100 grammes de sel marin, à raison de 20 kil. d'eau. La bassine sera posée sur le feu, lorsque l'eau en sera tiède, on en extraira une quantité suffisante pour délayer autant de kil. de farine qu'il y aura de fois 3 kil. d'eau contenus dans la bassine, c'est-à-dire le tiers du poids de l'eau.

Cette opération se fera dans un vase très-propre, en versant l'eau tiède au fur et à mesure que l'on délaye pour éviter la formation des grumeaux. On devra verser environ deux litres d'eau pour un kil. de farine. On versera ensuite cette farine délayée et très-claire, c'est-à-dire liquide, sur l'eau qui est restée dans la bassine, ayant soin de remuer, comme pour faire de la colle de pâte; lorsque cette préparation épaissira, on diminuera le feu et on laissera bouillir deux ou trois minutes en remuant toujours. On versera ensuite cette préparation dans un tonneau très-propre, et on recommencera cette opération jusqu'à concurrence de 60 kil. qui devront être employés à froid, le lendemain, pour faire des levains, ayant soin de ne pas l'employer à un degré de température trop bas, ni trop élevé, enfin selon l'état de l'atmosphère.

Le lendemain, avant de pétrir, on fera le reste de la préparation pour arriver au chiffre de 76 kil. qui sera de 16 kil., sur lesquels on prendra la quantité nécessaire pour le bassinage à la levure, dont il sera parlé à l'art 3.

II. — Des Levains.

Les levains étant le principe, le moteur destiné à donner à la pâte l'élasticité et la force de fermentation, j'appelle toute l'attention de l'expérimentateur à suivre ponctuellement ce qui est prescrit ci-après pour leur préparaion.

Lorsque le gluten sera suffisamment refroidi, on fera le premier levain avec un *chef* ou vieux levain, du poids de **2** kil. environ ; pour le deuxième levain, le gluten sera encore assez chaud, mais pour le troisième levain, on pourra en prendre suffisamment de chaud sur les **16** kil. que l'on devra préparer deux ou trois heures avant le pétrissage du reste de la farine. Le troisième levain devra donc être fait de manière à être prêt après deux heures de fermentation. Tous les levains devront être de pâte ferme. Le premier devra, avant d'être rafraichi, avoir atteint un bon degré de fermentation et être parfaitement manipulé. On aura soin de délayer entièrement le levain fermenté, à chaque nouveau levain que l'on fera.

Chef ou principe de fermentation. . . . .   2 kil.

1er levain. — Gluten . . . .   4 kil.

2me levain. — Id.   6

3me levain. — Id. , ...   12

TOTAL . . . .   22 kil. de gluten.

On aura donc employé **22** kil. de gluten pour

les levains ; il en restera conséquemment 54 kil. pour le pétrissage de la fournée ou restant de farine.

III. — Du Pétrissage.

Le pétrissage est absolument le même qu'avec de l'eau ; il faut avoir bien soin de délayer les levains, d'allonger les frases et de les sécher en soufflant avant de découper. Je recommande d'enlever avec soin la croûte qui se sera formée sur le gluten froid. La farine étant dans le pétrin, on versera le gluten chaud le premier sur les levains et ensuite le gluten froid. On s'assurera du poids de la préparation que l'on doit employer pour le pétrissage de la fournée qui devra être de 54 kil. On en réservera la quantité suffisante pour faire un bassinage à la levure ; celle-ci sera délayée avec le gluten chaud ou froid, selon que la pâte le demandera. On tirera les frases de manière à avoir une bonne pâte bâtarde ; si elle était trop ferme, on augmenterait le bassinage. Il vaut mieux que la pâte soit un peu douce que trop ferme, à cause de la force des levains. Lorsqu'on aura suffisamment travaillé la pâte, on mettra en planchers ou en corbeilles, et l'on tournera après avoir laissé un peu fermenter.

Il est évident et incontestable que si l'on a mis dans le pétrin 100 kil. de farine et 76 kil. d'eau ou gluten, on en tirera 175 kil. de pâte qui donneront 100 pains de 1 kil. 500 gr., cuits et pesés à 1 kil. 750 en pâte, ou 77 pains de 2 kil., cuits et pesés à 2 kil.

250 gr., ou enfin, 51 pains à 3 kil., cuits et pesés à 3 kil. 400 gr.

Nota. — Ce système de panification peut s'appliquer à toutes les farines qui contiennent du gluten.

OBSERVATIONS PARTICULIÈRES.

Ne pas oublier, ainsi qu'on l'a dit plus haut, chaque fois que l'on se servira de gluten froid , d'enlever la croûte qui pourrait s'être formée à la surface;

De fleurer ou saupoudrer avec soin les mannes, corbeilles , etc. , où on mettra le pain après avoir tourné.

Laisser un peu fermenter la pâte avant de tourner (donner la forme au pain). Donner un degré de fermentation convenable et modéré au pain sur couches, en raison du principe de fermentation des levains, sur lequel on doit toujours régler et proportionner l'apprêt ou fermentation du pain.

Boucher, en enfournant, de temps en temps, pour faire gonfler la pâte au four.

Ne pas oublier le sel dans la préparation du gluten, attendu qu'il donne de l'élasticité et du corps à la pâte.

Le gluten refroidi devra être compacte et solide, il sera surtout bien délayé avec les levains.

Pour les levains on s'arrangera de manière à employer le gluten à un degré de température convenable et modéré, proportionné à celui de l'atmosphère, et selon que l'on voudra presser ou retarder la fermentation.

On ne devra se servir que de vaisseaux très-propres pour recevoir le gluten. La bassine sera nettoyée soigneusement à chaque opération, attendu que ce qui pourrait rester au fond de la bassine ferait rougir le gluten et lui donnerait une mauvaise odeur.

On devra faire cuire le pain à four doux, la pâte ayant beaucoup de tendance à prendre de la couleur.

MOUROUX (Adrien),

Sous-Directeur des mines de Meurchin
(Pas-de-Calais).

EXTRAITS DES MÉMOIRES NON COURONNÉS

NOTAMMENT

LES N°s 5, 7, 10, 12, 20 ET 21,

Fournissant quelques documents utiles à la question du Concours.

ALTÉRATIONS ET FALSIFICATIONS DU BLÉ.

La farine de blé est la substance même du grain de blé ou de froment (*triticum salvum, hibernum*), pulvérisée par la mouture et séparée de son tégument externe par l'action du blutoir. Elle est composée d'amidon, 70 à 74; gluten, 10 à 14; gomme soluble, 3 à 5; sucre, 3 à 7; eau, 10 à 12. 100 parties de froment ne laissent, après l'incinération, que 1,5 0/0 de cendre, composées principalement de phosphate de soude, de chaux et de magnésie; on n'y rencontre point de sulfate, si ce n'est quelques traces à peine sensibles.

La farine de froment de bonne qualité est d'un

blanc jaunâtre très-vif, très-éclatant, sans mélange de points gris, rougeâtres ou noirâtres. Elle est douce au toucher, sèche, pesante, adhère aux doigts, et forme comme une pelote quand on la comprime dans la main. La bonne farine absorbe plus du tiers de son poids d'eau ; sa qualité se mesure sur l'allongement que peut supporter, sans se rompre, un rouleau de pâte. On dit alors que la farine fait pâte longue ; la farine de médiocre qualité fait toujours pâte courte. La farine a une odeur *sui generis* et une saveur qui peut se comparer à celle de la colle de pâte fraiche.

La cause la plus ordinaire de l'altération des farines tient à l'état hygrométrique de l'atmosphère et à l'absorption de l'humidité. Les farines humides s'échauffent, fermentent, se pelotonnent, acquièrent de l'acidité ; des moisissures se développent, une odeur désagréable se manifeste. Sous l'influence de ces réactions, le gluten s'altère, perd sa souplesse et son extensibilité ; la farine ne donne plus qu'un pain mal levé, grisâtre, lourd, insalubre.

On reconnait l'humidité des farines à l'altération de leurs propriétés physiques, et on détermine facilement les proportions d'eau qu'elles contiennent par la dessication.

Il existe un moyen de conservation parfaite des blés, qui les met à l'abri de toute altération. Ce moyen consiste dans l'emploi d'un grand cylindre creux, divisé en huit compartiments, tournant sur son axe et pouvant contenir jusqu'à 1,100 hectol., auquel on donne le nom de *grenier mobile*. La science et l'expérience ont surabondamment prouvé que cet appareil, inventé par M. Vallery, remplissait toutes les conditions du problème et ne laissait rien à désirer. On ne saurait trop, dans l'intérêt de la santé publique, recommander anx possesseurs de blés de renoncer à leur procédés routiniers, et d'adopter l'usage du *grenier mobile*.

Les farines ont été falfisifiées avec des produits similaires d'une moindre valeur, des farines de céréales autres que celle du froment; des farines de légumineuses et de graminées, féveroles, vesces, lentilles, maïs, orge, avoine, seigle, fécule de pommes de terre, avec l'ivraie. On a cherché à accroitre leur poids par le mélange de substances minérales, telles que le sable, le plâtre, la poussière d'or, de cailloux blancs; l'albâtre, la craie, la chaux, l'alun, les carbonates de soude et de magnésie, etc.

Toutes les farines similaires inférieures, et en général toutes les substances étrangères que l'on ajoute à la farine de froment, ont pour effet commun de détériorer les qualités spéciales du gluten. Il en résulte que le mode d'essai des farines le plus simple, et en même temps le plus général, consiste à isoler le gluten pour reconnaître ses propriétés caractéristiques et ses proportions relatives.

Il suffit de dessécher complétement le gluten pour déterminer son poids et sa quantité absolus.

Le mélange de fécule de pommes de terre, autrefois très-commun, est devenu rare depuis qu'une maladie particulière a attaqué ces tubercules, et rendu plus chère la fécule qu'on en extrait. Rien n'est, au reste, plus facile que de distinguer à l'œil armé du du microscope les granules de fécule de ceux de farine de froment. Les premiers sont beaucoup plus gros et moins arrondis que les seconds. L'inspection microscopique fait reconnaître avec la même facilité les mélanges de farine de maïs et de riz à la farine de froment, ainsi que le mélange de farine de féveroles, qui est à peu près la seule farine de légumineuses dont le bas prix puisse tenter les fraudeurs. Une goutte du dépôt fluide de fécule amylacée, que l'on obtient au bout de quelques heures, en malaxant la farine sous un filet d'eau, étant placée sous le microscope et sur une lame de verre, on reconnaît immédiatement la présence de l'amidon de maïs ou de riz aux agglomérations anguleuses et aux grains polyédriques qui se trouvent en très-grand nombre dans les parties demi-translucides ou cornées de ces céréales.

Le même mode d'essai ferait reconnaître le mélange de farine de féveroles et autres légumineuses qui offrent un tissu résistant, dont la contexture à cellules polyédriques est si distincte et si évidente.

La farine d'ivraie, mêlée à la farine de froment, constitue une des plus dangereuses sophistications. Un chimiste, M. Giovanni Ruspini, qui a été témoin des graves accidents que produit un tel mélange, nous a heureusement appris qu'on pouvait le reconnaître au moyen de l'alcool. Ce menstrue reste, en effet, limpide au contact prolongé de la farine de froment pure, ou ne prend qu'une teinte paille, par l'effet de la solution des principes résineux ou autres qui se trouvent dans quelques particules de péricarpe échappées à l'action du blutoir ; sa saveur éprouve à peine un changement sensible. La présence de la farine d'ivraie fait prendre immédiatement à l'alcool une teinte verdâtre qui devient promptement plus foncée et lui communique une saveur astringente, nauséabonde. Evaporée à siccité, la teinture alcoolique laisse un résidu résineux jaune verdâtre, qui présente, à un plus haut degré, la même âcreté, la même astringence désagréable et repoussante.

Les matières inorganiques ajoutées aux farines, soit pour en augmenter le poids, soit pour accélérer la levée de la pâte, sont toujours faciles à reconnaître. Elles tombent au fond des vases remplis d'eau dans lesquels on délaie la farine mélangée, et, par l'incinération, on obtient un poids anormal de cendres qui rend la fraude évidente.

La présence de l'alun, qu'on ajoute à la farine pour la blanchir, peut être soupçonnée toutes les fois que l'eau dans laquelle on délaie la farine acquiert une astringence insolite. On la reconnaît au précipité blanc, insoluble dans l'acide nitrique, que donne cette eau astringente avec le chlorure de baryum, et au précipité blanc floconneux, soluble dans un excès de potasse, qu'elle donne avec l'ammoniaque.

Le sable, l'argile, la poudre de cailloux blancs rendent la farine craquante sous la dent, et se précipitent d'ailleurs immédiatement au fond des vases, quand on la délaye dans l'eau.

PANIFICATION ÉCONOMIQUE DE M. MÉGE-MOURIÈS.

C'est seulement avec la farine de première qualité qu'on peut, d'après les méthodes employées actuellement, faire du pain blanc ; les farines renfermant du son, même en petite quantité, ne donnent jamais que du pain bis, dont l'acidité, la couleur brune, le mauvais goût, l'état pâteux et hygrométrique, la compacité, font évidemment un aliment inférieur dédaigné déjà par les populations urbaines, et que les classes rurales ne consomment que parce qu'elles n'en ont pas d'autre.

C'est à la présence du son dans les farines bises qu'on attribuait avec raison la production du pain bis, mais sans avoir pu, jusqu'à ces derniers temps, pénétrer la cause de l'influence qu'exerçait, pendant la panification, le son mêlé à la farine.

Pendant plusieurs années, un savant français, M. Mége-Mouriès, s'est efforcé de découvrir le mode d'action du son. A l'aide d'une analyse très-minutieuse des différentes enveloppes du grain de froment, il est parvenu à reconnaitre quelle est la partie du

son qui agit sur la farine pendant la panification ; puis
il a cherché à paralyser l'action de cette substance,
et il y est arrivé de la façon la plus heureuse, de telle
sorte que, sur 100 parties de blé, il peut employer 83
ou 84 parties à la fabrication du pain blanc, au lieu
de 70 à 74 utilisées jusqu'alors.

On comprend l'importance économique de cette
découverte

En 1853, puis en 1856, M. Mége-Mouriès communiqua à l'Académie ses premières observations sur la
panification ; il en résultait que le son renfermait dans
ses tissus un principe spécial, susceptible d'être isolé,
et qui paraissait être le ferment spécifique produisant
le pain bis, c'est-à dire déterminant la transformation
de l'amidon de la farine, non-seulement en glucose,
mais aussi en acide lactique ; cet acide existe dans le
lait aigre. Ainsi, tandis que la farine blanche, mise avec
la levure de bière, produit seulement, à l'aide de son
amidon, de l'alcool et de l'acide carbonique, la farine
mêlée de son s'altère sous l'influence de la *céréaline*
que renferme celui-ci, la fermentation acide prédomine sur la fermentation alcoolique, le gluten s'altère
jusqu'à produire des sels ammoniacaux et ces matières
noires que donnent toutes les matières organiques
traitées par des acides énergiques ; il perd son élasticité ; en un mot, ce qui distingue le pain blanc
du pain bis, au point de vue de la fabrication, c'est
que dans la fabrication du premier une seule fermentation, la fermentation alcoolique, prend naissance.

tandis que dans le second, il se produit aussi une fermentation lactique qui attaque plus profondément les principes de la farine et arrive jusqu'à en désorganiser complétement une portion.

Le caractère du procédé nouveau est donc très-facile à saisir : employer pour déterminer la fermentation de la partie de la farine exempte de son, pour n'avoir que la fermentation alcoolique, puis mélanger brusquement, quand cette fermentation est en activité, les portions de farine mêlées de son, et faire cuire presque aussitôt, de façon à ne pas laisser à la fermentation lactique le temps de se produire.

Le procédé imaginé par M. Mége-Mouriés est remarquable, non-seulement en ce qu'il produit avec une quantité de blé déterminée une plus grande quantité de pain blanc que par la méthode généralement employée, mais aussi en ce qu'il semble d'une exécution plus facile et moins entièrement livrée à l'habileté de l'ouvrier.

M. Mége-Mouriés, toutefois, n'en est pas resté là ; non-seulement il croit que son procédé donne plus facilement plus de pain blanc que l'ancien, mais il a encore démontré que le pain qu'il prépare est plus salubre que celui que nous employons journellement.

Les procédés précédemment décrits sont mis en usage à la boulangerie de la rue Descartes, à Paris. Cet établissement fournit du pain que chacun a pu goûter, l'année dernière, à l'exposition des Champs-Elysées, et qui paraît d'excellente qualité au premier

6

abord, mais dont le goût un peu décidé lasse cependant assez vite. C'est ainsi que parmi les établissements qui l'ont consommé d'abord avec plaisir, plusieurs, notamment l'Ecole polytechnique, ont tout récemment renoncé à son emploi.

Si on fait abstraction de cette faible saveur qui nuit à l'établissement des nouveaux procédés, il est certain qu'en les employant, dit M. Mége-Mouriès, on obtient du pain plus nutritif, et la proportion de ce pain est plus forte de 3 à 4 pour 100 , parce qu'on évite la décomposition d'une partie de la farine en acide lactique, en produits ammoniacaux , etc.

On peut dire aussi que toutes les farines bises et les demi-premières issues deviennent farine de première qualité, ce qui augmente de 16 pour 100 la quantité de farine de première qualité, et de 8 pour 100 la quantité de farine panifiable.

On bénéficie donc de 8 à 9 pour 100, et ce bénéfice est immense, puisqu'on peut le supposer multiplié par la masse de farine que consomme la France.

Cette consommation est de 80 millions de quintaux de farine, au prix de 40 fr. les 100 kilos ; l'économie faite par le nouveau procédé serait de 200 millions de francs, c'est-à-dire plus que la France n'achète à l'étranger pendant les mauvaises années ordinaires. Pendant l'année 1847 , qui est celle où depuis longtemps les importations ont atteint le chiffre le plus élevé, on a importé plus de 10 millions d'hectolitres, qui ont coûté près de 290 millions ; ainsi , les deux tiers de cette énorme dépense auraient pu être évités, si l'on eût connu et mis en pratique, à cette époque, les procédés de panification proposés par M. Mége-Mouriès.

En résumé, le procédé de mouture et de panification de M. Mége-Mouriès est appelé à rendre de grands services.

Le procédé de mouture est peu compliqué. Lorsque le grain a été broyé sous la meule et que le blutoir a séparé les différentes parties de la boulange, on reprend une partie des gruaux blancs et on les fait repasser une seule fois sous la meule. Tous les autres produits sont obtenus d'un seul jet.

100 kil. de blé donnent les proportions moyennes suivantes :

Farine de fleur.	50
Premiers gruaux remoulus.	20
Gruaux blancs.	7
Gruaux bis.	5
TOTAL des produits clarifiables.	82
Gros et petit son.	16,5
Déchet.	1,5
TOTAL GÉNÉRAL.	100,0

Les gruaux blancs et les gruaux bis doivent entrer dans la panification ; on les vend à la boulangerie, qui les emploie dans des proportions différentes, suivant le pain qu'elle veut fabriquer.

Si l'on veut faire du pain blanc, on prend de la farine 1re qualité, obtenue à 70 pour 100, et les gruaux blancs et bis. Ces gruaux ont dû être abandonnés à eux-mêmes pendant un mois au moins après la mouture.

Le procédé de M. Mége-Mouriès permet d'obtenir d'un poids donné de blé, plus de farine, de pain, et moins de son. La mouture ordinaire fournit les produits suivants :

Farine de blé.	51 pour 100
Gruau remoulu.	23 —
Issues	34 —
Déchet	2 —
TOTAL. . . .	100

Soit au total 74 pour 100 de farine panifiable. Les rendements cités plus haut ont fait voir qu'on obtenait, avec la méthode Mége-Mouriès, 82 pour 100 de farine panifiable, soit 8 pour 100 en sus de la quantité fournie par l'ancienne mouture.

Donc, le principal avantage de ce nouveau procédé consiste à appliquer à la fabrication du pain des farines inférieures, aujourd'hui réservées dans un grand nombre de contrées à l'alimentation des animaux domestiques.

Le *Morning-Chronicle* annonçait le 2 octobre dernier qu'il était question à Londres de former une société importante, afin d'y mettre en pratique le procédé Mége-Mouriès.

DIVISION DE LA FRANCE EN DIX RÉGIONS

POUR LE PRODUIT DES CÉRÉALES.

La France est divisée, quant aux céréales, en dix régions : l'une est d'une importance peu considérable, c'est la Corse.

La meilleure région, c'est la quatrième, celle de l'ouest : elle se compose de dix départements; elle produit un excédant constant dans les bonnes années ; elle a environ 6 millions 500,000 hectolitres de céréales à exporter; elle a donné jusqu'à un rendement de 15 millions d'hectolitres. En 1859, le rendement a été de plus de 10 millions d'hectolitres, et la consommation de la quatrième région n'est que de 8 millions 700,000 hectolitres. Ainsi, elle a pu exporter jusqu'à 6 millions 500,000 hectolitres, et en moyenne son exportation est de 2 millions d'hectolitres.

Ensuite vient la première région, celle du nord-ouest. En 1858, elle a produit 11 millions 300,000 hectolitres ; en 1859, 8 millions 700,000 hectolitres ; sa consommation est de 7 millions 600,000 hectolitres ; elle a dans les bonnes années un excédant à exporter de 3 millions 600,000 hectolitres, et dans les années ordinaires une exportation de 1 million d'hectolitres.

La troisième région est celle du nord-est. En 1858, elle a produit plus de 15 millions d'hectolitres; en 1859, plus de 10 millions. Sa consommation étant de 9 millions, il en résulte qu'elle a à exporter dans une bonne année plus de 5 millions, et dans une mauvaise année plus de 1 million d'hectolitres.

La cinquième région, qui, grâce au chaulage, est parvenue à substituer le blé au seigle, a produit, en 1858, plus de 9 millions d'hectolitres, et, en 1859, plus de 7 millions. Sa consommation étant de 6 millions, elle a exporté, dans une bonne année, plus de 2 millions d'hectolitres, et, dans une mauvaise, plus de 1 million.

La sixième région, celle de l'est, a produit, en 1858, plus de 12 millions d'hectolitres, et, en 1859, plus de 9 millions. Sa consommation est de 8 millions. Elle a donc à exporter, dans une bonne année, plus de 3 millions, et, dans une mauvaise, un peu moins de 1 million.

La huitième région, celle du sud, a produit en 1858 plus de 8 millions d'hectolitres, et, en 1859, plus de 5 millions. Sa consommation est de 5 millions, elle a donc aussi un excédant plus ou moins considérable à exporter chaque année.

Voilà des faits irréfutables. Ainsi, d'après les chiffres officiels, ces six régions ont à exporter dans une bonne année plus de 23 millions 500,000 hectolitres, et, dans une année mauvaise une quantité encore très-considérable.

Je passe aux régions qui ont un déficit dans leur production.

La septième région, celle du sud-ouest, ne peut exporter que dans les bonnes années. En 1858, elle a produit 11 millions d'hectolitres, et, en 1859, 8 millions. Sa consommation est de plus de 8 millions. Dans une bonne année, elle a donc à exporter 2 millions 500,000 hectolitres, et, dans une mauvaise année, elle a un déficit de 600,000 hectolitres.

La deuxième région, celle du nord, comprend Paris, qui consomme une immense quantité de grains. En 1858, elle a produit plus de 25 millions d'hectolitres ; en 1859, 21 millions. Sa consommation est de 21 millions ; elle a donc à exporter dans un bonne année plus de 2 millions d'hectolitres, et, dans une mauvaise année, elle a un déficit.

La dernière région, la neuvième, qui comprend Marseille a en tout temps un déficit. Dans une bonne année, sa production est de 5 millions d'hectolitres ; sa consommation est de 7 millions d'hectolitres. Elle a donc un déficit moyen de 2 millions d'hectolitres.

NOUVEAU PROCÉDÉ DE PANIFICATION.

Circulaire à MM. les Maires du département de l'Oise.

MESSIEURS,

Je viens recommander à votre attention toute particulière, un nouveau procédé de panification, présenté par le sieur Gallois, de Bienville (Oise). Ce procédé consiste à incorporer dans le pain une plus grande quantité de pommes de terre qu'on ne l'a fait jusqu'ici. Ainsi, les boulangers de Paris, en imitant et perfectionnant le pain anglais, introduisent facilement dans la pâte 6 à 7 kil. de pommes de terre cuites pour 100 de farine, tandis que M. Gallois parvient à mélanger 48 kil. de pommes de terre avec 100 de farine pour former la pâte.

Voici le compte approximatif du prix de revient, dans le cas où la farine est à 60 fr. le quintal et les pommes de terre à 7 fr., en prenant pour base les éléments de la taxe du pain à Paris :

25 kil. de farine, à 60 fr. les 100 kil.   15 fr.   » c.
12 kil. de pommes de terre, à 7 fr. .   »   84
1 kil. 500 gr. de levain . . . .   »   61
Déchet proprement dit, combustible.
  main-d'œuvre pour cuire, éplucher.

passer la pomme de terre ; allocation pour sel, levure, cuisson, etc.;
comme pour 30 kil. de farine employés à fabriquer du pain ordinaire
d'après la taxe de Paris.   2   10

PRODUIT, 47 kil., coûtant. . .   19 fr.   55 c.

100 kil. coûteraient. . . . . . .   41 fr.   57 c.

Ainsi, quand la farine est à 60 fr. le quintal, le
pain Gallois reviendrait à 0 fr. 41 cent. 57 le kil., tandis que le pain ordinaire serait taxé à 0 fr. 52 cent.,
d'après les bases adoptées pour la taxe de Paris, qui
sont les suivantes : Rendement présumé de la farine
en pain, 130 kil. de pain pour 100 kil. de farine ;
allocation aux boulangers pour frais de fabrication,
etc., 7 fr. par quintal de farine ; mais, comme le
pain Gallois contient 9 sur 000 de plus que le pain ordinaire, l'économie ne serait que de la moitié environ
de ce qu'elle paraît être.

Le pain de M. Gallois aurait été trouvé bon par toutes les personnes qui en ont goûté ou mangé pendant
plusieurs jours, et bien que son procédé ne doive
pas augmenter la masse des substances , il peut,
néanmoins, combler un certain déficit en farine, en
donnant satisfaction aux consommateurs qui font du
pain une grande partie de leur nourriture.

Je vous laisse, messieurs, le soin d'apprécier l'usage
du procédé Gallois... Dans le cas où vous l'adopteriez,
vous auriez à établir pour cette sorte de pain une

taxe particulière, dans laquelle vous tiendriez compte
de la différence du prix de revient , afin que l'économie obtenue ne tournât pas au profit des boulangers;
vous auriez également le soin d'avertir le public que le
pain ordinaire est plus nourrissant, car il importe que
les personnes qui consommeraient de ce pain économique, ne se méprennent pas sur sa valeur nutritive.

Le Préfet de l'Oise.

EMPLOI DU RIZ DANS LE PAIN (1).

J'ai fait plusieurs essais qui m'ont démontré que
le riz peut être employé très-avantageusement à la
confection du pain ; j'ai pesé une livre de riz cuit et
prêt à mettre en pâte, j'ai obtenu un poids de 7 livres. Ces sept livres augmentent encore quand elles
sont mêlées à la farine de froment, ce qui est dû pro-
bablement à l'action du levain.

Deux expériences viennent corroborer ce que j'a-
vance. Une personne a mêlé 3 livres de riz avec 42
livres de farine ; j'ai pesé le pain, nous avons obtenu
70 livres. Une autre a mis 4 livres de riz dans 40 livres de farine, de même qualité que la première ;
elle a eu 77 livres en pain. Ainsi, il y avait une livre
de riz de plus que dans le premier essai, et on a obtenu 7 livres de pain de plus.

Une livre de farine, employée seule, produit une

---

(1) Extrait d'une lettre adressée au journal *l'Agriculture.*

livre et un quart de pain ; ainsi 40 livres de farine donnent 50 livres de pain. Si nous ajoutons 4 livres de riz aux 40 livres de farine, nous aurons 44 livres de farine et de riz mêlés, et nous obtiendrons 77 livres de pain.

44 livres de farine pure donneraient 55 livres de pain ; il y a donc, avec 4 livres de riz, une différence en plus de 22 livres de pain, ce qui fait, en estimant la livre de pain à 20 centimes, un bénéfice de 4 francs 40 centimes. On voit par là qu'en employant le riz, le pain diminue tout de suite de 5 centimes par livre (en défalquant le prix d'achat du riz).

Le riz ne coûte guère plus cher que la farine, et quand il est bien combiné avec la farine de froment il donne un pain plus substantiel.

Il faut employer de préférence du riz nouveau ; il gonfle mieux que le vieux riz cassé.

Ainsi, en résumé, nous obtenons ceci :

Une livre de riz donne 7 livres de pâte au moins ; chaque livre valant 20 centimes, cela fait 1 franc 40 centimes. Retranchez 40 centimes pour le coût de la livre de riz, il reste encore 1 franc de bénéfice net. Nous pouvons donc dire hardiment qu'en mêlant une livre de riz à 12 livres de farine, on diminue le pain de 5 centimes la livre.

Il va sans dire qu'il faut bien travailler le pain, le saler et y mettre suffisamment de levain.

Il suffit de mettre une livre de riz dans 12 ou 13 livres de farine.

FALSIFICATION DES FARINES.

Très-fréquemment on mélange à la farine de froment la farine de fèverole ou de haricots. Cette fraude ne se reconnaît pas à l'examen et au toucher. M. E. Deferre, pharmacien, a indiqué un moyen facile de constater cette fraude. Partant de ce principe que la farine de froment contient, en moyenne, à peu près la huitième partie de son poids en gluten, il indique le moyen suivant pour le constater dans une farine.

On l'isole, dit-il, en malaxant sous un très-petit filet d'eau, un morceau de pâte assez ferme fait avec la farine de blé jusqu'à ce que l'eau, qui dissout la gomme, le sucre et l'albumine qui sont mêlés au gluten, devienne claire et transparente ; il reste alors entre les mains une matière molle grisâtre, d'une odeur fade, très-élastique, qui est le gluten.

Si la farine a été falsifiée avec une proportion quelconque de farine de haricots ou de fèveroles, il est absolument impossible, quelque soin qu'on apporte au lavage, de pouvoir réunir une proportion quelconque de gluten ; de plus, la pâte faite avec une farine ainsi altérée est sans ténacité, elle laisse exhaler une odeur particulière, désagréable, rappelant celle d'une huile siccative, parce que ce sont les haricots vieux et avariés qui s'emploient à cette fraude.

PROCÉDÉ A L'USAGE DES HABITANTS DES CAMPAGNES,
POUR LA PANIFICATION DE LA POMME DE TERRE.

Depuis que les efforts de Parmentier pour introduire la culture de la pomme de terre en France ont enfin triomphé des préjugés, tous les hommes éclairés se sont occupés de l'accroissement de cette culture et aussi de l'amélioration de l'emploi de ce tubercule dans l'économie rurale et industrielle. Désireux nous-mêmes de contribuer à l'usage plus fréquent de ce précieux végétal, en aidant la classe pauvre et industrieuse dans la recherche d'un aliment salubre et peu coûteux, nous avons, après des essais, obtenu des résultats très-satisfaisants. Nous croyons, malgré les découvertes récentes, devoir publier notre procédé de panification de la pomme de terre, parce qu'il est simple et à la portée des cultivateurs les moins éclairés.

On prend : pommes de terre blanches, 50 kilogr.; on les lave avec le plus grand soin, on les rape avec l'instrument que l'on a à sa portée ; dans les petits ménages, on peut employer deux feuilles de ferblanc percées et clouées sur des planchettes ; à l'aide de la main, on râpe les pommes de terre. La pulpe doit être reçue dans l'eau froide au fur et à mesure qu'elle est fournie par la râpe.

Lorsque cette opération est terminée, on lave la pulpe à plusieurs reprises, jusqu'à ce que l'eau en sorte incolore, mais avant de jeter l'eau, on la laisse reposer, on trouve au fond du vase de la fécule qui, sans cette précaution, pourrait être entraînée ; on la met alors sur une toile par petites portions avec la pulpe, et on exprime fortement l'eau qu'elle contient. On reçoit cette eau dans un vase, et la fécule qu'elle contient se dépose bientôt, pour être mélangée au parcellaire qui doit servir à la fabrication du pain.

La pomme de terre lavée, râpée et exprimée, est portée dans la maie ; on y introduit 1 kilogramme et demi de levain, que l'on a préalablement divisé avec une petite quantité d'eau bouillante ; on bat fortement ce mélange et on le laisse fermenter pendant six heures, à la température de quinze à seize degrés. Nous devons faire remarquer que le levain doit être frais, c'est-à-dire employé six heures après sa confection ; ordinairement, et surtout dans le midi, on emploie le levain à l'état trop avancé d'acidité, ce qui nuit à la saveur douce et spongieuse du pain.

A l'aide de cette fermentation, nous changeons la pulpe de la pomme de terre en une masse homogène, spongieuse, qui donne du pain d'une bonne qualité, bien cuit, et surtout d'une digestion prompte.

Dès que le temps de la fermentation est expiré, on prend 25 kilogrammes de farine de froment, 325 grammes muriate de soude (sel de cuisine), que l'on ajoute aux 50 kilogrammes de pommes de terre fermentées, et l'on fait du tout une pâte homogène que l'on travaille par parties, car elle a besoin d'être plus longuement battue que celle de froment ; on laisse de nouveau fermenter pendant deux ou trois heures, suivant la température, et l'on met au four. Lorsque l'on a fait des pains de 7 à 8 kilogrammes au plus, la fournée refroidie donne pour produit de 76 à 77 kilogrammes de pain.

Ce pain est d'une qualité qui a dépassé nos espérances. Il est bien levé, assez blanc, agréable au goût ; il trempe facilement ; la fibre du parenchyme de la pomme de terre a disparu, et ce pain est supérieur à celui obtenu à l'aide de farine de diverses céréales de qualité inférieure ; il se conserve assez frais pendant huit à dix jours. Nous ferons observer qu'il ne se conserve pas frais aussi longtemps que celui fait avec des pommes de terre cuites à l'eau ou à la vapeur, ce qui nous semble un avantage, car dans beaucoup de campagnes on avait renoncé à panifier la pomme de terre cuite, par cela seul que la consommation du pain était augmentée.

Jusqu'ici, on a préparé, dans les campagnes, le pain de pommes de terre avec ces tubercules cuits, moyen peu économique : 1° parce qu'il faut deux fois leur poids de farine de froment pour les amener à l'état de bon pain ; 2° du combustible pour leur cuisson ; 3° l'épluchage, qui diminue le produit de 15 ou 20 pour 100 ; 4° enfin, la consommation plus prompte.

C'est après l'analyse chimique du parenchyme de

la pomme de terre, faite par l'un de nous, et qui
représente quatre centièmes de matière nutritive,
que nous avons jugé utile d'employer le parenchyme
concurremment avec la fécule. Nous croyons avoir
obtenu un résultat heureux pour l'économie rurale et
domestique en réduisant au tiers la consommation du
froment dans la fabrication du pain, en représentant
un procédé qui n'occasionne presque pas de frais de
main-d'œuvre, puisque le râpage de la pomme de
est facile et peu dispendieux. Le lavage de la pulpe
à l'eau étant la plus simple des manipulations.

Le cultivateur, l'artisan, obtiendront par ce procédé, un pain aussi nourrissant que celui fait avec
du froment, et qui ne leur coûtera dans la préparation que de 1 à 18.

Cette différence nous paraît devoir fixer l'attention
des économistes, car le demi-kilogramme de pain
dont nous avons donné la manipulation ne s'élève
qu'au prix de cinq à six centimes, prix qui peut encore baisser par l'extension de la culture de la pomme
de terre.

PRÉCEPTES GÉNÉRAUX DE PANIFICATION.

L'expérience a justifié les préceptes suivants pour la
bonté du pain :

1. — Le grain pur et de bonne qualité est préférable, quoique plus coûteux, que le mauvais.

2. — Le froment et le seigle nouveaux ne sont pas sains, surtout lorsque l'année a été humide ; il convient d'attendre, pour les travailler, qu'ils aient au moins passé l'hiver. C'est d'ailleurs une économie, car le blé et le seigle nouveaux ne donnent pas autant de farine que ceux qui sont vieux.

3.— Il ne faut pas faire moudre le seigle et le froment ensemble, parce que le grain de seigle étant plus petit que celui de froment, la mouture ne porte pas également sur l'un et sur l'autre ; il vaut mieux ne mêler les farines qu'après qu'elles ont été faites séparément.

4.— Lorsque les meules vont trop fort ou sont serrées, le son devient menu comme de la farine, et passe avec celle-ci dans le blutoir. Le grain qui contient du son reste humide et moisit promptement.

5. — Lorsque le son est trop gros, et qu'on y a laissé trop de farine, il faut le faire tremper dans de l'eau durant une nuit, passer cette eau dans un linge, et l'employer à faire du pain.

6. — La farine est meilleure quand elle est faite depuis un mois.

7. — Il ne faut pas tenir la farine près des écuries, ni d'aucun endroit d'où s'exhalent de mauvaises odeurs. Il est nécessaire que les sacs de farine soient posés sur des planches et non sur la terre. Il est utile aussi de retourner de temps à autre ces sacs, pour mettre plus à l'air le côté qui est contre la muraille.

8. — Quand la farine est de bons grains, bien faite

et pure, 7 kil 500 gr. prennent de 3 kil. 500 gr. à 4 kil. d'eau.

9. — Le vieux levain donne un goût aigre en pain.

10. — Quand on ne fait pas souvent du pain, il faut tenir le levain très-chaudement, pour lui conserver sa force, et le rafraîchir tous les jours, c'est-à-dire y ajouter un peu de farine et d'eau.

11. — Pour bien mettre en levain, on emploie plus de la moitié de la farine dont on veut faire le pain.

12. — Toutes les eaux possibles sont bonnes pour faire le pain ; néanmoins on ne doit les verser dans un pétrin qu'à travers un linge. Il est nécessaire que l'eau soit tiède, mais jamais bouillante, pas même en hiver. Lorsqu'on veut faire le pain à l'eau froide, comme en été, il faut le pétrir davantage; de cette manière le pain est meilleur.

13. — Il faut pétrir toute la pâte jusqu'à ce qu'elle ne tienne plus aux mains ; plus on l'aura pétrie, meilleur sera le pain. Le pétrissage est de la plus grande utilité ; ce n'est que par son moyen que l'on unit intimement la farine et l'eau, union absolument nécessaire pour l'uniformité et la promptitude de la fermentation.

14. — Quand la pâte est faite et qu'on la met lever sous des couvertures, il faut avoir grand soin que celles-ci soient propres ; sans cette précaution, le pain contracte une mauvaise odeur et ne lève pas assez.

15. — Les vieux bois qui ont été peints sont dan-

gereux pour chauffer le four, ils donnent au pain un mauvais goût.

16. — Lorsque la pâte est assez levée , il faut enfourner sans délai , autrement la pâte fermente trop et s'aigrit. On doit veiller à ce que le four ne soit ni trop chaud ni pas assez, et que la chaleur soit également répandue partout.

17. — Les pains trop grands se déforment et cuisent mal.

18. — On doit laisser ressuer et refroidir le pain avant de le manger , non-seulement afin qu'il ne nuise pas, mais encore pour qu'il dure davantage.

19. — Le pain bis est peu nourrissant ; le pain blanc de pure farine nourrit davantage. Celui qui est fait avec du levain se digère très-aisément; le pain que l'on fait , au contraire, sans levain , est plus difficile à digérer.

20. — La vieille farine fait du mauvais pain. Le meilleur pain est celui qui est léger, blanc, troué, fait de bonne farine de froment et d'un peu de seigle mêlés ensemble , bien levé et cuit à propos. Celui qui réunit toutes ces qualités se digère très-aisément et est très-nourrissant.

CONCLUSION.

Nous avons extrait tout ce qui était utile dans les mémoires de nos lauréats aussi bien que dans les mémoires non courounés ; ils fournissent des renseignements précieux et importants sur les diverses substances qui peuvent être employées dans la panification ; mais ce qui ressort surtout de ce mémorable concours, c'est l'excellence des procédés de M. Betz-Pénot dans la préparation du maïs. Aussi avons-nous publié le 15 juin 1862, dans *l'Industriel Français*, l'article suivant, par lequel nous clôturons cette importante brochure :

MOUTURE DU MAIS PAR M. BETZ-PÉNOT.

« Disons, dès l'abord, que nous estimons M. Betz-Pénot à l'égal des plus grands bienfaiteurs de l'humanité, car, si, comme Parmentier notamment, il n'a pas doté la France d'une plante alimentaire nouvelle, il a toutefois préparé une substance dont quelques éléments étaient impanifiables par les procédés ordinaires, et a su en tirer et livrer à la consommation une farine véritablement supérieure par sa finesse et sa beauté, et qui peut servir d'adjuvant au blé, non-seulement incontestablement salubre, mais même très-utile et très-efficace. Donc, il a bien mérité de tous et doit être inscrit dans le livre de la reconnaissance publique.

» Nous avons déjà exposé, dans le mémoire de M. Bertherand, les avantages de la monture du maïs opérée par M. Betz-Pénot. Faisons toucher du doigt les services incomparables du meunier d'Ulay. Par une analyse chimique des éléments contenus dans le maïs, on arrive à reconnaître qu'il contient 8,80 sur 100 de matières grasses opposées à une bonne panification, tandis que le froment ordinaire n'en contient que

le quart, c'est-à-dire 1,87 ; eh bien , par l'effet de la préparation qu'il lui fait subir, et par sa mouture particulière, M.
Betz-Pénot a trouvé le moyen d'éliminer toutes ces substances huileuses qui abondent dans les germes, d'une manière
vraiment ingénieuse.

» N'avions-nous pas raison de dire , en commençant, que
l'humanité , intéressée au plus haut point à la solution du
problème de son alimentation, devait mettre le meunier
d'Ulay au rang de ses grands hommes et surtout de ses
hommes utiles ?

» Nous aurons maintes fois l'occasion de revenir sur les
mérites hors ligne de l'invention de M. Betz-Bénot ; nous par-
lerons de son nouveau procédé de mouture, à la fin de notre
second article sur *l'origine de la pellagre* (1), et nous dirons
quels services le célèbre et éminent meunier a rendu par là à
la santé et à l'hygiène publiques.

» Nos conclusions sont celles-ci : Bien que l'usage du maïs
attaqué du verdet comme du blé carié nous paraisse être la
cause de la pellagre, précisément le mode de préparation et
de mouture de M. Betz-Pénot fait entièrement disparaître
tout danger, et ce n'est pas le moindre des bienfaits dont
la société lui est redevable.

» M. Betz-Pénot a reçu 14 médailles de récompense, et ce
n'est pas assez encore à notre avis.   A. PEZZANI. »

---

(1) Cet article a paru dans le numéro de *l'Industriel Français*
du 20 juillet 1862.

FIN.